HÄGAR

DER SCHRECKLICHE

IM KAMPF MIT DER DEUTSCHEN GRAMMATIK

50 Bildgeschichten bearbeitet von
Diethelm Kaminski

Centre for Modern
Languages
Plymouth Campus

VERLAG FÜR DEUTSCH

4. 3. 2. 1. | Die letzten Ziffern
1996 95 94 93 92 | bezeichnen Zahl und Jahr des Druckes.
Alle Drucke dieser Auflage können, da unverändert, nebeneinander
benutzt werden.
3. Auflage 1992
© 1988 VERLAG FÜR DEUTSCH
Max-Hueber-Straße 8, D-8045 Ismaning/München

Der Abdruck der Bildgeschichten erfolgt mit Genehmigung von
Bulls Pressedienst, Frankfurt am Main
© 1988 Kings Features Syndicate, Inc./Distr. Bulls

Satz: Schreibbüro Ewert, Braunschweig
Druck und Bindung: Ludwig Auer, Donauwörth
Printed in Germany
ISBN 3-88532-710-4

Vorwort

Auf die Umfrage eines Gymnasiums, wie man „zur leseförderlichen Gestaltung des heutigen Deutschunterrichts" anregen könnte, antwortete Jürgen Lodemann, Fernsehredakteur beim Südwestfunk „... durch Begeisterung – mit dem Lesebazillus infizieren. Schwärmen vom Reich der Wirklichkeit, das man sich nur durch Träumen erobert. Jeden Schüler (nicht nur den Lehrer) von solchen Erlebnissen was erzählen lassen – ihm die Furcht/Scham nehmen, wenn er von Hägar dem Schrecklichen schwärmen möchte oder von Donald Duck oder sonst einem Ungeheuer ..."

Warum soll dem Grammatikunterricht nicht billig sein, was dem Literatur- und Leseunterricht recht ist? Warum sollen Schüler nicht auf dem Umweg über die Abenteuer Hägars des Schrecklichen sich Stück für Stück die deutsche Grammatik (zurück)erobern? Vielleicht nehmen ihnen Freundschaft und Beistand des auch niemals perfekten Wikingerhelden sogar die Furcht vor dem Grammatik-„Ungeheuer".

Die Sprech-, Schreib-, Spiel- und Wortschatzübungen dieses Bändchens gehen jeweils von Grammatikphänomenen und Satzstrukturen aus, die in den Bilderfolgen vorgegeben sind. So stützen sich nicht nur Bild und Sprache gegenseitig, sondern die „Belegstellen" führen dem Lerner auch vor Augen, daß es sich um Gebrauchsdeutsch in allen Lebenslagen und nicht um lebloses Schulstubendeutsch handelt.

Daß Hägars abenteuerliche Streifzüge auch Lese- und Lernanreize schaffen, liegt auf der Hand; die Kürze der Sprechblasentexte trägt außerdem dazu bei, daß sich situativ eingebettete Redewendungen besser einprägen.

Die tiefere Begründung für die Wahl des weltweit populären Comic-Helden ist aber auch in der augenfälligen Verwandtschaft seiner Situation mit der eines Schülers zu suchen: Hägar nimmt die Mühen des Kampfes mit den Barba-

'Was sollten Schüler lesen?' Umfrage zur Jugendlektüre – Schriftsteller antworten, Wiedtal-Gymnasium, Neustadt/Wied 1986, S. 72

ren nur widerstrebend auf sich; ebenso unfreiwillig stellt sich der Schüler dem Kampf mit den Tücken der Grammatik. Beide werden in eine feindliche Welt hinausgestoßen, sind Opfer von Konvention und Erfolgszwängen. Viel lieber säßen sie bei Bier und Braten in der Kneipe und lösten gemächlich die großen Welträtsel.

Wenn sie aus der Fremde oder der Schule heimkehren, ist die Beute, die sie zum Nachweis ihres Erfolges vorweisen, oft kläglich genug und steht nur selten in einem vernünftigen Verhältnis zu den Anstrengungen, die sie erdulden, und den Blessuren, die sie erleiden müssen. Hägar und Schüler – beide sind sie Opfer durchaus vergleichbarer Leistungsgesellschaften, nur daß sich im Laufe von über tausend Jahren Mittel und Ziele etwas gewandelt haben.

Beider Größe liegt darin, daß sie niemals verzagen, sondern das unentwegte Anrennen gegen immer neue Widerstände als Lebensprinzip akzeptieren. Möge Hägar der Schreckliche allen Schülern, die im täglichen Kampf mit der deutschen Grammatik liegen, leuchtendes Vorbild sein!

Natürlich lassen sich die meisten Hägar-Abenteuer auch mündlich oder schriftlich erzählen. Das geht aber erheblich leichter, wenn man die 50 Runden dieses Bändchens tapfer durchgefochten und reichlich Beute in Form von Wörtern, Regeln und Redewendungen eingesackt hat.

Diethelm Kaminski

Inhaltsverzeichnis

Titel	Sprechanlässe	Grammatik/Wortfelder	Spiele
19. Verbummelt ... S. 52	Fragen nach vermiß-tem Gegenstand	Präpositionen mit Dativ (nach wo) Modaladverbien	
20. Hühneressen ohne Huhn S. 54	Schreibanlaß: ein Gericht bzw. ein Rezept beschreiben	Perfekt	
21. Verweigerungen S. 56	Aufforderungen, Flüche	Trennbare Verben Modalpartikel	
22. Muttertag S. 58	höfliche Fragen	Konjunktiv II	Konzentrations-spiel
23. Schrankenlose Freiheit S. 60	Zurechtweisung und Verteidigung	Imperativ Substantivierungen	
24. Gute Nachrichten! S. 62	eine Nachricht überbringen	Synonyme	
25. Sei immer kühl - mit viel Gefühl! S. 64	Forderungen und Versprechen Bedauern, Schaden-freude	Wunschsätze	
26. Ohne Bart und Bier gefällst du mir... S. 66		ohne/mit + Nomen nicht so/weniger + Adjektiv Komparativ Konjunktiv II	
27. Wofür ist eine Tür? S. 68	nach dem Zweck fragen	Wofür? Wozu? halten für + Adjektiv	Kinder-fragenspiel
28. Geschenke des Himmels S. 70		Wortfeld „schenken" „bitten - ablehnen - erhören"	
29. Das Allerschönste S. 72	Behauptungen		
30. Überzeugungen S. 74	Behauptungen	Superlativ (nach unbestimmtem Artikel) indirekte Rede	
31. Nicht die feine Art S. 76	Tadel und Lob	Modalpartikel wenn-Sätze, Infinitivsätze	
32. Wie war es in Paris? S. 78	Klage, Beschwerde, Prahlen	Gradadverbien, Modaladverbien zu + Adjektiv	Wo waren Sie im Urlaub?
33. Gemütlichkeit S. 80	Ablehnung, Zustim-mung, Widerspruch	zum + Dativ	
34. Frühe Meister S. 82	Übertreibung und Ungläubigkeit		
35. Geistesblitze S. 84		Passiv Wortfeld „Ursache und Wirkung"	
36. Schwarze Schafe S. 86		Modaladverbien	Wir raten Personen
37. Göttergunst S. 88	Bedenken	Modaladverbien	Sternkreiszeichen
38. Regentag S. 90	Vorschläge, Vorwürfe	Konjunktiv II	
39. Willkommen im Wikinger-Club S. 92	Alliteration	Adjektiv → Nomen Adjektivdeklination (nach unbestimmtem Artikel) Appositionen	
40. Wortgefecht S. 94		nicht nur ..., sondern auch Wortfeld „Berufe"	

Titel	Sprechanlässe	Grammatik/Wortfelder	Spiele
41. Bei mir nicht! S. 96	Verbot	daß-Sätze Substantivierungen Passiv	
42. Grelle Wechselfälle S. 98	Enttäuschung	Aufzählungen	
43. Was bringt die Zukunft? S. 100	Vermutung, Gewißheit	Modaladverbien daß-Sätze indirekte Fragesätze Futur	
44. Schlummernde Talente S. 102		Relativsätze	Traumspiel
45. Geschenke für die Lieben S. 104	Geschenkvorschläge	damit-Sätze	
46. Seit Adam und Eva S. 106		seit wann / seitdem seit + Dativ + Genitiv Perfekt	
47. Was ist, wenn man den Schirm vergißt? S. 108		Nebensätze mit wenn und wer Relativsätze „Tier- und Pflanzenbezeich-nungen" (auf Menschen bezogen)	
48. Ehe ich in die Ehe gehe ... S. 110	Bedingungen stellen	Nebensätze mit ehe/bevor ... erst, wenn ... Perfekt	
49. Nie zu früh S. 112		Infinitivsätze mit um zu zum + Nomen zu + Adjektiv, als daß ...	
50. Enorm in Form S. 114	Besorgnis, Warnung	Relativsätze Infinitivsätze Wortfeld „Arzt"	

Übersicht über die verschiedenen Übungsformen *S. 116*

Flachsteinland
(Baffin)

Grönland

Island

Waldland
(Labrador)

um 1000
Leif Eriksson

Vinland
(Neufund-
land)

Erik der Rote 984

870-930

839

Irland

Wilhelm der
Eroberer

Die Raubzüge und Entdeckungsfahrten der Wikinger

Oviedo 827

Bordeaux
847-65

859-62

Cordoba
844

Marokko
um 860

Harald Schönhaar
850 - 933
Trondheim

Kaupang

Birka

Ladogasee

Holmgard
(Nowgorod)

Ilmen-
see

Haithabu

Hamburg
845

Dnjepr

Känugard
[Kiew]
882

Paris
845

Luna
859

Rom

Schwarzes
Meer

Konstantinopel
860

Wilhelm Eisenarm
Sizilien

Marita Reinhold

Oh, wie fein, Kind zu sein

Hägar erinnert sich an viele Szenen seiner Jugend, auch daran, was die Erwachsenen (Eltern, Verwandte, Nachbarn, Lehrer) in diesen Situationen gesagt haben. Können Sie sich denken, was?

Tragen Sie die Kommentare der Erwachsenen in die rechte Spalte ein. Denken Sie sich auch selber typische Situationen aus, in die Kinder leicht hineingeraten und über die Erwachsene sich ärgern.

Situation	Kommentar
er hat ein schlechtes Zeugnis nach Hause gebracht	*Du Faulpelz! Das muß anders werden. Ab jetzt wirst du nur noch lernen.*
er ist auf den Apfelbaum gestiegen und hat sich das Hemd zerrissen	
er hat dem Hund eine Dose an den Schwanz gebunden	

Situation   **Kommentar**

er hat Erdbeeren in einem Nach-   _____
bargarten gestohlen
                                                 _____

                                                 _____

er hat das Schwert seines Vaters   _____
versteckt
                                                 _____

                                                 _____

er hat seine Schwester verpetzt   _____

                                                 _____

                                                 _____

er hat in der Schule vorgesagt   _____

                                                 _____

                                                 _____

er hat das Boot seines Onkels   _____
losgebunden
                                                 _____

                                                 _____

er ist zu spät nach Hause gekommen   _____

                                                 _____

                                                 _____

_____   _____

                                                 _____

_____   _____

                                                 _____

_____   _____

                                                 _____

Tischmanieren nicht verlieren

1

Hägar hat merkwürdige Tischmanieren. Er trinkt z.B. Wein aus der Tasse. Denken Sie sich weitere Beispiele für schlechte Tischmanieren aus, und verwenden Sie sie in den Übungen.

- Er ißt Fisch mit den Fingern.
- Er nimmt den Schweinebraten in beide Hände.
- Er wischt sich die Finger am Tischtuch ab.
- Er schmatzt beim Essen.
- Er wirft die Knochen auf den Fußboden.
- Er trinkt die Suppe aus der Schüssel.
- Er _____
- Er _____
- Er _____
- Er _____
- Er _____
- Er _____
- Er _____
- Er _____
- Er _____
- Er _____
- Er _____

2

Helga sagt ihm erst, was er *nicht* machen soll:

1. Nicht den Wein aus der Tasse trinken!

2. Nicht _____ nehmen!

3. Nicht _____ essen!

4. Nicht _____ abwischen!

5. Nicht _____ schmatzen!

6. Nicht _____ werfen!

7. Nicht _____ trinken!

8. Nicht _____ !

9. Nicht _____ !

10. Nicht _____ !

11. Nicht _____ !

12. Nicht _____ !

13. Nicht _____ !

3

Dann sagt sie ihm, wie er es *richtig* machen soll:

1. Trink den Wein aus einem Weinglas!

2. Nimm _____ !

3. Iß _____ !

4. Wisch _____ ab!

5. Schmatz _____ !

6. Wirf _____ !

7. Trink _____ !

8. _____ die Füße nicht auf den Tisch!

9. _____ nicht mit dem Finger in der Nase!

10. _____ die Kartoffeln nicht mit dem Messer!

11. _____ nicht am Hemd ab!

12. _____ !

13. _____ !

SIEG DER SAUBERKEIT

Bevor die Wikinger kämpfen dürfen, müssen sie nachweisen, daß sie von Kopf bis Fuß sauber sind. Die holländische Hausfrau stellt ihnen viele Fragen. Was will sie alles wissen?

Verwenden Sie die folgenden Stichwörter, wenn Sie Fragen im Perfekt formulieren und (positiv) beantworten.

1. die Hände waschen

   o *Habt ihr euch* auch die Hände *gewaschen*?

   • Die *haben wir uns* erst vor kurzem *gewaschen*!

2. die Uniformen bügeln

   o Habt ihr auch _____ ?

   • Die haben wir gerade _____ !

3. die Füße abtreten

   o Habt ihr auch _____ ?

   • Die haben wir gerade _____ !

4. die Haare kämmen

   o Habt ihr euch auch die Haare gekämmt?

   • _____ !

5. das Gesicht eincremen

   o Habt ihr euch auch _____?

   ● Das haben wir uns erst vor kurzem _____!

6. die Fingernägel schneiden

   o _____ die Fingernägel geschnitten?

   ● _____ geschnitten!

7. sich gut rasieren

   o _____ rasiert?

   ● Wir _____ rasiert!

8. sich duschen

   o _____?

   ● Wir _____!

9. saubere Socken anziehen

   o _____?

   ● Wir _____!

10. die Zähne putzen

    o _____?

    ● _____!

11. Spray gegen Mundgeruch nehmen

    o _____?

    ● _____!

12. die Schwerter blank putzen

    o _____?

    ● Die _____!

13. die Schuhe ausziehen

    o _____?

    ● _____!

WELTBESTE

AUFSTEHEN! FRÜHSTÜCK!

MANN! SEHR FREUNDLICH!

FRANZÖSINNEN SERVIEREN IHREM MANN DAS FRÜHSTÜCK ANS BETT

SPANIERINNEN BEGRÜSSEN IHREN MANN MIT BLUMEN

TÜRKINNEN TUPFEN IHREM MANN DEN SCHLAF AUS DEN AUGEN

ICH HAB' SOGAR GEHÖRT, DASS JAPANISCHE FRAUEN DEN RÜCKEN IHRER MÄNNER MIT DEN FÜSSEN MASSIEREN

WENN'S WEITER NICHTS IST!

WARUM HAST DU MIR NIE GESAGT, DASS DU DAS GERNE HAST?

DIK BROWNE

1 Partnerspiel

Auf kleine Zettel werden Ländernamen geschrieben, z.B.:

England   China   Spanien

UdSSR   USA   Schweiz

Die Zettel werden vermischt. Jeder Schüler erhält einen. Anschließend befragen sich die Schüler gegenseitig nach ihren Partnerwünschen. In der Antwort muß

a) der Ländername in eine Nationalitätenbezeichnung im Akkusativ umgeformt werden,

b) eine Begründung für die Partnerwahl gegeben werden, die aber eine bestimmte grammatische Form (siehe Schalttafel) haben muß.

Es kommt bei diesem Frage- und Antwortspiel nicht auf die landeskundlich korrekte Aussage, sondern auf die grammatisch richtige Antwort an, die aufgestellten Behauptungen über die Eigenschaften anderer Nationen mögen noch so kühn sein!

Beispiel:

> Frage: Anna, was für einen Mann möchtest du später einmal heiraten?
>
> Anna (auf ihrem Zettel steht „China"): Am liebsten einen *Chinesen*.
>
> Frage: Warum das denn!?
>
> Anna: *Chinesen* kochen ihrer Frau immer Reisgerichte.
>
> Anna (fragt weiter): Jochen, wen möchtest du später gerne heiraten?
>
> Jochen: (auf seinem Zettel steht „USA"): Eine *Amerikanerin*.
>
> Anna: Und warum eine Amerikanerin?
>
> Jochen: *Amerikanerinnen* verwöhnen ihren Mann mit Kuchen und Bonbons.
>
> Jochen: Britta, was ... usw.

2. Varianten

1. In der Antwort muß ein vorgegebenes Verb verwendet werden, das auf dem Zettel steht. | England – versprechen |

Beispiel:

> Frage: Jörg, was für eine Frau möchtest du später einmal heiraten?
>
> Jörg: Eine *Engländerin*.
>
> Frage: Warum das denn?
>
> Jörg: *Engländerinnen versprechen* ihrem Mann nie etwas, was sie nicht halten können.

2. In der Antwort muß ein bestimmter Kasus verwendet werden, der auf dem Zettel vermerkt ist. | Norwegen – Dativ |

Beispiel:

> Frage: Claudia, was für einen Mann möchtest du später einmal heiraten?
>
> Claudia: Einen *Norweger*.
>
> Frage: Warum das denn?
>
> Claudia: *Norweger servieren ihrer Frau* Lachs zum Frühstück.

3. Es sind auch negative Antworten erlaubt (z.B. Jedenfalls *keinen Ungarn!*)

		Dativ	**Ergänzung**
Französinnen	sagen	ihrem Mann	nette Dinge
Japaner	schenken	ihrer Frau	Lotosblumen
Russinnen	servieren		heißen Tee
Jugoslawen	holen		die Wäsche von der Leine
Spanierinnen	bringen		
Amerikaner	tragen		
Schweizerinnen	versprechen		↓
Italiener	geben		
Isländerinnen			
↓	↓		
		Akkusativ	
	beschenken	ihre Frau	mit Schokolade
	begrüßen	ihren Mann	mit einem Kuß
	küssen		mit Leidenschaft
	erfreuen		mit kleinen Geschenken
	schicken		
	erwarten		
	schmücken		↓
	verwöhnen		
	beglücken		
	↓		

Jedem das Seine

Wappenspiel 1

Ein Schüler wählt nach dem Zufallsprinzip vier Namen von Mitschülern aus dem Klassenbuch aus (Augen schließen und mit einem Bleistift auf die Namenliste tippen). Er verteilt die Namen gleichmäßig auf bereitgehaltene kleine Zettel, mischt sie und gibt jedem Schüler der Klasse einen. Er muß nur aufpassen, daß die Ausgewählten nicht ihre eigenen Namen kriegen.

Aufgabe: Zeichnen Sie ein Familienwappen für Schüler(in) X. Es soll seine/ihre wesentliche Eigenschaft symbolisieren.

Anschließend werden die Wappen eingesammelt, gemischt und neu verteilt. Jeder stellt dann das Wappen der Klasse vor, das er in der Hand hält.

1. Was zeigt es?

2. Welche Eigenschaft symbolisiert es?

3. Zu welchem Mitschüler paßt das Wappen Ihrer Meinung nach?

4. Begründen Sie Ihre Vermutung.

Zum Schluß werden die Namen der vier ausgewählten Schüler bekanntgegeben. Jetzt können alle zusammen Vermutungen darüber anstellen, welche Wappen für wen gedacht waren.

Wappenspiel 2

Ausgeschnittene Tierfiguren werden einzeln auf so viele Zettel geklebt, wie Schüler in der Klasse sind. Sie stellen Wappentiere dar. Die verwendeten Tiernamen müssen in der Klasse bekannt sein.

Jeder Schüler erhält ein Wappen. Die Klasse wird in zwei Gruppen eingeteilt, die abwechselnd durch Informations- und Entscheidungsfragen die Wappentiere der anderen herausfinden müssen.

Nicht erlaubt ist es, nachzufragen oder falsche Antworten zu geben. Eine nachweisbar falsche Antwort oder die Auskunft „weiß ich nicht" bedeuten: Ausscheiden. Unpräzise Antworten sind dagegen erlaubt, können sogar taktisch geschickt eingesetzt werden.

Beispiel:

Gruppe 1:	Eva, *wie groß* ist dein Wappentier?
Eva (aus Gruppe 2):	Ziemlich groß.
Gruppe 1:	*Wo* lebt dein Tier?
Eva:	Auf dem Boden.
Gruppe 1:	*In welchem Erdteil* lebt es?
Eva:	In Afrika.
Gruppe 1:	Lebt es auch auf Madagaskar?
Eva:	Ich weiß nicht.
Gruppe 1:	Aus!!!

Ziel des Spiels ist es, den Gegner in die Enge zu treiben und zur Antwort „ich weiß nicht" zu verleiten. Die Tiere zu erraten, ist eher nebensächlich. Wer bewußt falsch antwortet und ertappt wird, muß für seine Antwort den Beweis erbringen.

Am besten liegt während des Spiels ein Tierlexikon oder Biologiebuch bereit, so daß Streitfälle schnell geklärt werden können. Auch hier gilt der Grundsatz „Im Zweifelsfalle für den Angeklagten".

Wer in der Fragergruppe zu früh direkt nach dem zu unrecht vermuteten Wappentier fragt („Ist dein Wappentier ein Kamel?" – „Nein, ein Lama!") scheidet aus.

VORTRITT DEM FORTSCHRITT

1

In Hägars Sack sind noch mehr technische Errungenschaften aus Paris:

-r Dosenöffner	-r Korkenzieher	-e *Kaffeemühle*	-r Rasenmäher
-r Zwiebelschneider	-r Gasanzünder	-r *Fleischwolf*	-s *Feuerzeug*
-r *Rasierapparat*	-r Glasschneider	-e *Taschenuhr*	

Sagen Sie, was man mit diesen Dingen machen kann. Bei den kursiv gedruckten Wörtern müssen Sie aufpassen, weil der zweite Teil des Wortes nicht von einem Verb abgeleitet ist. Sie müssen hier ein anderes Verb einsetzen.

Mit einem Dosenöffner *kann man* Dosen öffnen.

Mit einem Feuerzeug *kann man* Zigaretten anzünden.

Sagen Sie es auch so:

Ein Dosenöffner ist *zum Dosenöffnen* da.

Eine Kaffeemühle ist zum _____ da.

Ein Rasenmäher ist zum _____ da.

Ein Zwiebelschneider ist zum _____ da.

22

Ein Gasanzünder ist zum _____ da.

Ein Glasschneider ist zum _____ da.

2

Leider funktioniert kein einziger Apparat, und Hägar muß sich jedesmal ent-
schuldigen. Simulieren Sie zu zweit Gespräche zwischen Helga und Hägar.
Beispiel:

> Helga: Kannst du mir bitte mal die Flasche öffnen?
>
> Hägar: Kein Problem. *Mit dem neuen Korkenzieher* geht das ganz schnell.
>
> Helga: Der funktioniert ja überhaupt nicht!
>
> Hägar: Komisch, als ich ihn in Paris ausprobiert habe, hat er noch
>
> funktioniert.

1. Helga möchte, daß Hägar ihr den Rasen mäht.
2. Helga bittet Hägar, Hackfleisch zu machen.
3. Helga kriegt das Gas nicht angezündet.
4. Helga weint immer, wenn sie Zwiebeln schneidet.
5. Helga hat keine Zeit, Kaffee zu mahlen.
6. Helga hat eine Fensterscheibe zerbrochen.
7. Helga kriegt die Ölsardinenbüchse nicht auf.
8. Helga möchte wissen, wie spät es ist.

3

Von welchem der oben genannten Geräte, die versagen, spricht Helga?

1. Die sind ja viel zu grob.
2. Du bist ja immer noch ganz stoppelig.
3. Das mußt du noch mal durchdrehen.
4. Dann gibt es eben heute kein Mittagessen.
5. Dann mußt du eben Tee trinken.
6. Die tickt ja gar nicht.
7. Es geht eben nichts über eine Sense.
8. Hättest du bloß nicht gleich alle Zündhölzer weggeworfen!

Begründen Sie, warum Sie der Ansicht sind, daß es sich nur um dieses Gerät

handeln kann.

Bildungslücken

Hamlet stellt noch mehr neugierige Fragen vom Typ:

Was ist _____ $\frac{des}{der}$ _____?

Sie müssen je zwei Wörter der Liste durch einen Genitiv miteinander verbinden. Die Verbindung ergibt einen festen Begriff, z.B.: *das Ei des Kolumbus*. Streichen Sie die Wörter auf der nächsten Seite aus, damit Sie sehen, welche Sie verwendet haben.

Können Sie die Fragen auch beantworten? Wenn nicht, schlagen Sie in einem Lexikon nach.

Sie dürfen Ihren Mitschülern natürlich auch weitere „Bildungsfragen" stellen

Ordnen Sie die Genitivverbindungen nach Sachgebieten, z.B.:

- Literatur (Romantitel),

- Musik (Titel von Opern und Operetten),

- Mythologie,

- Geschichte,

- Redensarten

24

Pandora   die Weisen

Semiramis

der Bund

die Tonne   der Stein

der junge Werther

Pythagoras

der Anstoß

die Gewalt

das Kreuz

der Apfel

die Leiden

die Ehe

die Büchse   der Stein

Achilles

der Satz   der Schatz

die Republik

der Tod   Diogenes

der Süden   Paris   das Tal

die Saat

die Sierra Madre

der Platz   die Ferse   die hängenden Gärten

1. das *Ei* _____ des *Kolumbus* _____

2. die _____ des _____

3. der _____ der _____

4. der _____ des _____

5. die _____ des _____

6. das _____ des _____

7. die _____ der _____

8. die _____ der _____

9. der _____ des _____

10. die _____ der _____

11. der _____ des _____

12. der _____ der _____

13. das _____ des _____

14. der _____ der _____

15. der _____ der _____

16. die _____ des _____

WOFÜR IST DAS GUT?

1

Kombinieren Sie passende Dialogelemente aus den folgenden drei Blöcken:

Beispiel:

Arzt (1): Ich verschreibe Ihnen diese *Pillen*.

Patient: Wofür sind die gut?

Arzt (2): Sie sollen Ihre *Schlaflosigkeit* vertreiben.

Patient: Haben die auch keine Nebenwirkungen?

Arzt (3): In seltenen Fällen können Sie *Kreislaufstörungen* hervorrufen.

①	②	③
die Medizin	die Bauchschmerzen (Pl.)	das Schwindelgefühl
die Salbe	die Zahnschmerzen (Pl.)	die Müdigkeit
das Gel	das Rheuma	die Kreislaufstörungen (Pl.)
der Tee	die Schlaflosigkeit	schlechte Träume (Pl.)
die Spritze	schlechte Träume (Pl.)	die Nervosität

die Tabletten (Pl.)	die Frühjahrsmüdigkeit	die Herzbeschwerden (Pl.)
die Pillen (Pl.)	das Sodbrennen	die Kurzatmigkeit
die Kompressen (Pl.)	der Schluckauf	die Schlafstörungen (Pl.)
die Dragees (Pl.)	das Völlegefühl	der Heißhunger
das Medikament	das Hautjucken	der Haarausfall

2

Nach einigen Wochen beklagt sich der Patient beim Arzt:

Patient: Sie hatten mir *Pillen*[1] gegen meine *Schlaflosigkeit*[2] verschrieben. Seitdem leide ich an *Kreislaufstörungen*[3].

Arzt: Kein Problem. Ich verschreibe Ihnen diesen *Tee*[1]. Der wird Ihre *Kreislaufstörungen*[3] vertreiben.

Patient: Hoffentlich hat der nicht wieder Nebenwirkungen.

Arzt: In sehr seltenen Fällen kann er *Heißhunger*[3] hervorrufen.

3

Sie können den Dialog noch weiter ausbauen. Dritter Arztbesuch:

Patient: Sie hatten mir *Pillen*[1] gegen meine *Schlaflosigkeit*[2] und Tee gegen meine *Kreislaufstörungen*[3] verschrieben. Seitdem leide ich an *Heißhunger*[3].

Arzt: Kein Problem. Ich verschreibe Ihnen .... usw.

4

Nach einiger Übung kann man den Dialog auch auswendig als Gedächtnisübung sprechen. Auf wie viele Arztbesuche kommen Sie, ohne zu vergessen, was der Arzt verschrieben hat?

GROSSREINEMACHEN

1

Helga nimmt sich nicht nur Hägars alte Waffen vor, sondern auch ....
Tragen Sie weitere Gegenstände ein und beachten Sie die Akkusativformen.

(m)	seinen	kupfernen	Helm
	seinen	schmutzigen	Rock
	_____	_____	_____
	_____	_____	_____
	_____	_____	_____
(f)	seine	alte	Weste
	seine	dreckige	Jacke
	_____	_____	_____
	_____	_____	_____
(n)	sein	ungebügeltes	Hemd
	sein	ungestrichenes	Boot
	_____	_____	_____
	_____	_____	_____
(Pl.)	seine	ungeputzten	Sandalen
	seine	ungepflegten	Fingernägel
	_____	_____	_____
	_____	_____	_____

Ordnen Sie die Gegenstände in die Tabelle ein. Erweitern Sie die Tabelle!
Was kann man alles ...?

putzen
_____
_____
_____
_____
_____

polieren
_____
_____
_____
_____
_____

schneiden
_____
_____
_____
_____
_____

bügeln
_____
_____
_____
_____
_____

kämmen
_____
_____
_____
_____
_____

streichen
_____
_____
_____
_____
_____

2

Setzen Sie die Dativformen ein.

„Hägar wird staunen, wenn er sieht,
was ich mit 1. sein*em*   kupfern*en*   Hemd   gemacht habe."

2. _____	_____	Weste
3. _____	_____	Helm
4. _____	_____	Boot
5. _____	_____	Jacke
6. _____	_____	Sandalen
7. _____	_____	Rock
8. _____	_____	Gürtel
9. _____	_____	Stiefeln
10. _____	_____	Schwert

Unser Knüller: Magenfüller

1 Setzen Sie selber Spezialitäten des Meisterkochs zusammen!

Ich empfehle Ihnen heute (Akkusativ) unser $<$ en (m) / e (f) / – (n)

ge	koch / grill / dämpf / flambier / kandier / panier	t $<$ en (m) / e (f) / es (n)	-r Paradiesvogel -r Ameisenbär
			-s Nilpferd -e Pythonschlange
			-s Krokodil -s Dromedar
			-e Panzerechse -r Elch
			-s Nashorn -e Giraffe

mit (Dativ) unser $<$ em (m/n) / er (f) be | rühm | t | en

- -e Pastete
- -e Füllung
- -r Salat
- -e Beilage
- -r Sud
- -e Sauce
- -e Marinade
- -e Spezialität

Beispiel:

Ich empfehle Ihnen heute unser*en* flambiert*en* Paradiesvogel mit unser*er* berühmt*en* Panzerechsenpastete.

2

Führen Sie Kurzgespräche nach folgenden Stichwörtern:

1. kandiert/der Paradiesvogel

2. paniert/die Pythonschlange

3. gekocht/die Giraffe

4. gedämpft/das Dromedar

Gesprächsmuster:

Gast:	Gegrilltes Nilpferd?
	Lieber nicht! Von gegrilltem Nilpferd wird mir immer gleich
	schlecht!
Wirt:	Gegrilltes Nilpferd ist doch sehr bekömmlich!
	Von gegrilltem Nilpferd wird Ihnen bestimmt nicht schlecht.

3

Geben Sie nach diesen Stichwörtern Bestellungen auf:

1. der Ameisenbär/der Salat

    paniert/gekocht

2. Elch in Marinade

    gedämpft/gekocht

3. die Panzerechse/die Füllung

    flambiert/paniert

Gesprächsmuster:

Gast:	Bitte, ein Krokodil mit Beilage.
Wirt:	Gekocht?
Gast:	Nein, bitte gegrillt. Gekochtes Krokodil mag ich nicht.
Wirt:	Sehr wohl, einmal gegrilltes Krokodil mit Beilage.

Sag, was trägt man in Paris ?

1 Erweitern Sie die Tabelle zum Wortfeld „Mode"!

Tageszeit		Modefarben		Kleidungsstücke und Schmuck von Kopf bis Fuß	
Tageszeit	am Morgen – morgens	**Modefarben**	türkis		der Hut
	_____		rosa		die Mütze
	_____		_____		das Stirnband
	_____		_____		die Ohrringe (Pl.)
			_____		der Schal
Jahreszeit	im Frühjahr				die Halskette
	_____	**Material**	das Silber – silbern		_____
	_____		das Gold – golden		_____
	_____		die Seide – seiden		_____
			die Baumwolle – baumwollen		_____
Mahlzeit	zum Frühstück		_____		_____
	zum Diner		_____		_____
	zum Mittagessen		_____		_____
	zum Cocktail		_____		
	zum Abendessen	**Schnitt**	weit		
	_____		eng		
Anlässe	zum Empfang		lang		die Söckchen (Pl.)
	zum Geburtstag		_____		die Strümpfe (Pl.)
	zur Party		_____		die Stiefel (Pl.)
	zur Hochzeit		_____		die Sandalen (Pl.)
	für die Freizeit		_____		die Pantoffeln (Pl.)
	_____				

2

Bilden Sie Zusammensetzungen. Sie haben folgende Kombinationsmöglichkeiten:

a) Tageszeit + Kleidungsstück: der Morgen + der Mantel = *der Morgenmantel*

b) Jahreszeit + Kleidungsstück: das Frühjahr + der Hut = *der Frühjahrshut*

c) Mahlzeit + Kleidungsstück: der Cocktail + das Kleid = *das Cocktail-kleid*

d) Anlaß + Kleidungsstück: die Freizeit + der Anzug = *der Freizeit-anzug*

e) Material + Kleidungsstück: die Baumwolle + das Hemd = *das Baumwoll-hemd*

3

Wenn Sie wollen, können Sie auch noch beschreiben, wo und wie das Kleidungsstück getragen wird:

- an den Armen   - bis zum Knie

- am Bein   - bis über die Ohren

- an den Füßen   - bis über die Hüften

- am Dekolleté   - bis zum Boden

- auf dem Kopf   - bis zum Po

- auf dem Rücken   - bis zu den Füßen

- auf der Brust   - bis zum Hals

- auf dem Oberarm   - um die Stirn

- auf der bloßen Haut   - um die Taille

Jetzt können Sie die Frage „Was trägt man in Paris?" besser beantworten, z.B.:

In der Freizeit einen rosanen Seidenschal bis zum Boden.
Zum Frühstück silberne Pantoffeln an den Füßen.

4

Das trägt man in Paris!

Beschreiben Sie die Moden mit Hilfe der Worttabelle.

Nr. 1   Nr. 2   Nr. 3   Nr. 4   Nr. 5

Nr. 6   Nr. 7   Nr. 8   Nr. 9

5

Sie können die Pariser Modelle auch auf einer improvisierten Modenschau vorstellen. Die folgenden Einführungsfloskeln helfen Ihnen dabei:

Verehrte Gäste,

Es ist uns eine große Freude, Ihnen heute die neuesten Kreationen der berühmtesten europäischen Modeschöpfer präsentieren zu dürfen:

- die Dame von Welt trägt zum Frühstück (zum Lunch usw.) ...
- in dieser Saison hochaktuell ist dieser ...
- von hinreißender Schönheit ist dieses jugendliche Modell ...
- eine wahre Sensation in der Modewelt ist ...
- der Modehit des Sommers 19...
- dezent und doch raffiniert ist dieser ...
- ein Traum in Weiß (in Blau, in Seide usw.) ...
- dieser ... macht jede Frau zu einem Star
- mit diesem ... stehen Sie sofort im Mittelpunkt jeder Gesellschaft
- diese Kreation ist garantiert absolut konkurrenzlos
- als nächstes Modell präsentieren wir Ihnen ...
- dieser neuartige ... ist von atemberaubender Eleganz
- ein exotisches Flair gibt Ihnen dieses gewagte Modell von ...

Modell Nr.____

_____

_____

_____

_____

_____

_____

_____

_____

_____

Hausbesichtigung

SCHÖN, DASS IHR GEKOMMEN SEID... GEFÄLLT EUCH UNSER NEUES HAUS?

"WUNDERVOLL"... "ENTZÜCKEND" EINFACH "HIMMLISCH"

NEIN! NEIN! ICH BEHAUPTE, ES IST EIN RICHTIGES HERRENHAUS!

NUN, MAN MUSS 'NE MENGE DRAN TUN, ABER ICH KÖNNTE HIER WAHRE WUNDER VOLLBRINGEN...

WER SIND DIESE LEUTE?

EINE HÄUSERMAKLERIN, EIN STEUERSCHÄTZER... UND MEINE SCHWESTER

ICH WÜRDE ZUERST DIE VORHÄNGE WEGSCHMEISSEN...

1

Führen Sie Kurzgespräche zwischen einem Hausbesitzer und Besuchern, die das Haus besichtigen. Manche drücken ihre Begeisterung (+) aus. Andere mögen nicht so deutlich sagen, daß ihnen etwas nicht gefällt, um den Gastgeber nicht zu beleidigen. (|) ——————————

Beispiel:

Hausbesitzer: Wie gefällt Ihnen *unsere neue Terrasse?*

Besucher: *Ich weiß nicht so recht ...*

Hausbesitzer: _____

Wie gefällt Ihnen

m	n	f
unser neuer	unser neues	unsere neue
Fernseher	Auto	Terrasse
Sessel	Badezimmer	Küche
Gefrierschrank	Klo	Garage
Schreibtisch	Schwimmbecken	Loggia
Teppich	Klavier	Hausbar
Schrank	Kinderzimmer	Sauna

2

Besucher:

+ **Begeisterung**	⏐ **unentschieden**	− **Abneigung**
entzückend	es geht	unmöglich
himmlisch	nicht schlecht	gar nicht
fantastisch	nicht übel	enttäuschend
prima	so lala	kitschig
geschmackvoll	verhältnismäßig (+ Adj.)	einfallslos
prachtvoll	vielleicht etwas zu (+ Adj.)	langweilig
einmalig	ich weiß nicht so recht	so eine Geschmacks-verirrung
wie vornehm	wem's gefällt	schrecklich
genial	Geschmacksache	primitiv
wundervoll	hm, recht nett	schade um's Geld

Erst wenn der Hausbesitzer nicht zugegen ist, äußern die Besucher ihre Kritik (−). Üben Sie auch diese Mini-Dialoge.

Beispiel:

1. Besucher: Wie gefällt dir *Hägars neues Haus*?

2. Besucher: Schrecklich!

3

Führen Sie die Kurzgespräche nach folgenden Angaben:

		1.		2.		3.		4.
1. Besucher	−	Garage Lift	+	Kinderzimmer Keller	−	Terrasse Sauna	+	Garage Bad
2. Besucher	+	Badezimmer	+	Klo	−	Balkon	−	Küche

Beispiele:

a) 1. Besucher (–): Also, mir gefällt *Hägars neue Garage* überhaupt nicht.

   2. Besucher (+): Mir aber. (oder: Mir schon./Mir ja.)

b) 1. Besucher (+): Also, mir gefällt *Hägars neues Kinderzimmer* sehr.

   2. Besucher (+): Mir auch.

c) 1. Besucher (–): Also, mir gefällt *Hägars neue Terrasse* überhaupt

                    nicht.

   2. Besucher (–): Mir auch nicht.

d) 1. Besucher (+): Also, mir gefällt *Hägars neuer Garten* sehr.

   2. Besucher (–): Mir überhaupt nicht.

IN DER TAVERNE ZUR TRÜBEN LATERNE

Panel 1: ENGLAND IST SCHON EIN SELTSAMES LAND! WAS STEHT DENN AUF DEM SCHILD DA? — "WIRTSHAUS ZUM ALTEN LÖWEN UND SCHWEIN" — Ye OLDE LION and PIG INN

Panel 2: HA, HA! ENGLISCHE KNEIPEN HABEN VIELLEICHT KOMISCHE NAMEN! — JA, ICH MÖCHT' BLOSS WISSEN, WIE DIE DARAUF GEKOMMEN SIND?

Panel 3: LOS, LASS UNS REINGEHEN, EINEN TRINKEN UND FRAGEN

Panel 4: WAS DARF'S DENN SEIN, LEUTE?

1

Erfinden Sie selber Wirtshausnamen, und tragen Sie die fehlenden Angaben auf den Schildern nach!

WIRTSHAUS zum goldenen Pfeil	zum lahmen Pferd	GASTHAUS zur bissigen Gans
WIRTSCHAFT Schwan	KRUG JUNGFRAU	GASTSTÄTTE

Üben Sie auch diesen Mini-Dialog:

o Verzeihung, ist hier in der Nähe vielleicht eine nette Kneipe?

● Ja, die *Wirtschaft zum fetten Schwan*.

Oder:

o Kennen Sie vielleicht den *Krug zum grünen Kranz*?

● Ja, der ist hier ganz in der Nähe.

2

Geben Sie den Gasthäusern, die eines der Tiere auf ihren Schildern zeigen, einen Namen.

So könnten die Gasthäuser heißen. Versuchen Sie, möglichst originelle Namen zu finden.

1. *Taverne zum blutrünstigen Haifisch*
2. _____
3. _____
4. _____
5. _____
6. _____
7. _____
8. _____
9. _____
10. _____
11. _____

1.

2.

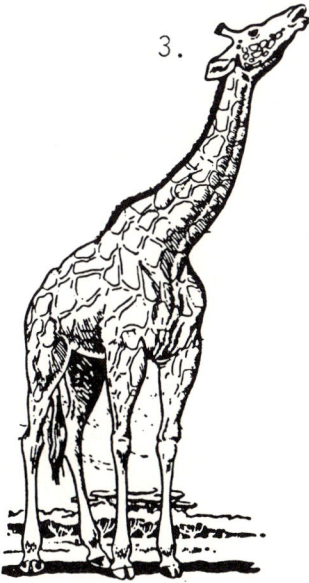

3.

4.

5.

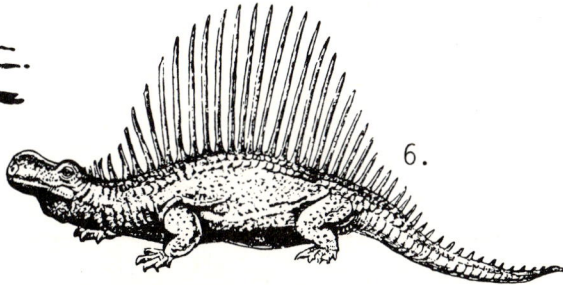

6.

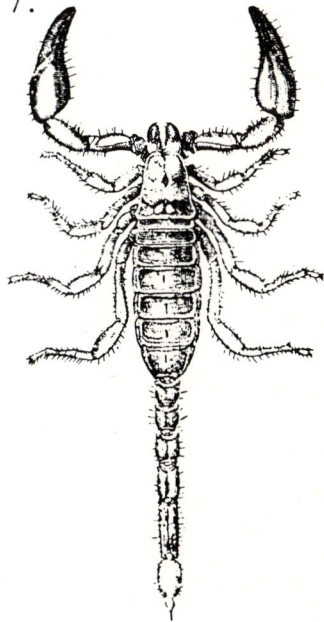

7.

8.

9.

10.

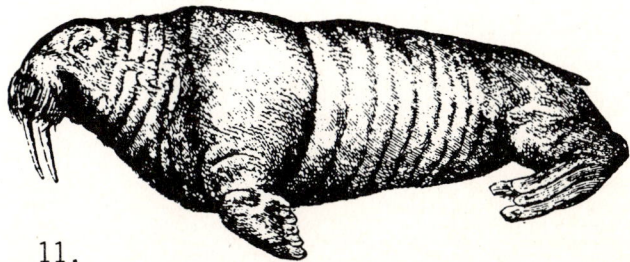

11.

MANGELWAREN

1

Verbinden Sie Länderadjektiv und Nomen zu einer nationalen Delikatesse.

Was würde die Wikinger glücklich machen?

Sagen Sie es so:

a) *Spanischer Wein* (Nominativ) würde sie sehr glücklich machen.

b) *Mit spanischem Wein* (Dativ) wäre ihr Glück perfekt.

c) *Ohne spanischen Wein* (Akkusativ) wären sie unglücklich.

polnisch	afrikanisch	italienisch	französisch
die Gans	die Feigen (Pl.)	der Schinken	der Käse
englisch	grönländisch	türkisch	ungarisch
der Tee	der Fisch	der Honig	die Salami

Füllen Sie die leeren Felder mit weiteren Delikatessen aus:

norwegischer Lachs			

2

Sagen Sie nun, warum Ihr Glück nicht perfekt ist. Nennen Sie nur die ausländischen Speisen und Getränke, die Sie am liebsten mögen.

Sagen Sie es so:

a) Auch *ungarische Salami* (Nominativ) macht mich nicht glücklich.

b) *Trotz ungarischer Salami* (Genitiv) bin ich nicht glücklich.

c) *Mit ungarischer Salami* (Dativ) bin ich auch nicht glücklich.

d) Auch *ohne ungarische Salami* (Akkusativ) bin ich nicht unglücklich.

3

Kombinieren Sie jeweils zwei oder drei der Spezialitäten zu Gerichten, wie man sie auf der Speisekarte eines Restaurants finden könnte, z.B.:

Polnische Gans mit dalmatinischem Schinken

Deutscher Spargel in holländischer Soße

Griechische Pfirsiche in französischem Kognak

Stellen Sie auf diese Weise auch ganze Menus mit Vorspeise, Hauptgericht und Dessert zusammen.

Stellungswechsel

1

Hägar gefällt es nirgends. Am liebsten würde er fortwährend umherziehen.
Entnehmen Sie der Tabelle, wie er seiner ruhebedürftigen Familie ständig
auf die Nerven geht. Sie dürfen auch einige Beispiele erfinden.

Hier	ist es (mir) viel zu	voll.
Dort		laut.
Am Strand		heiß.
Im Krieg		gefährlich.
In Norwegen		teuer.
Zu Hause		einsam.
Laßt uns lieber	woanders	baden.
	woandershin	reisen.
	an einen anderen Strand	gehen.
	nach Spanien	fahren.
	zu Hause	bleiben.

Was sagt Hägar wohl, wenn es ihm

- im Weinkeller   - in der Waffenschmiede

- in der Sauna   - im Wasser

- im Zoo   - beim Zahnarzt

- in der Schlacht   - im Paradies

- in der Wüste   - auf dem Friedhof

- in der Nacht   - unter dem Galgen

nicht gefällt?

2

1.		2.	
teuer	billig	schmutzig	sauber
Restaurant	Hotel	Schwimmbecken	See

Setzen Sie die vier Stichwörter des Wortkreuzes in ein Kurzgespräch um:

a) o In einem so *teuren Restaurant* wollt ihr essen?!

● Im *Hotel* ist es doch auch nicht viel *billiger*!

b) o In einem so *schmutzigen Schwimmbecken* wollt ihr baden?!

● Der *See* ist doch auch nicht viel *sauberer*.

3.		4.		5.	
heiß	kühl	ungemütlich	gemütlich	voll	leer
Juli	August	Hotelzimmer	Zelt	Strand	Hotelstrand

6.		7.		8.	
warm	kalt	sauber	süß	langweilig	interessant
Cola	Limonade	Tee	Saft	Show	Disco

Denken Sie sich selber Stichwörter aus.

Küchenkomplimente

1

Helga kann sehr gut kochen. Deshalb erhält sie von Hägar viele Komplimente:

a) Die Apfeltorte ist wieder so *köstlich*.

b) Das zweite Stück ist noch *köstlicher* als das erste.

c) Es ist *die köstlichste* Apfeltorte der Welt.

Formulieren Sie nach diesen Mustern und mit Hilfe der folgenden Wörter weitere Komplimente:

Adjektive	Gemüse	Fleisch
zart	der Spinat	das Brathähnchen
schmackhaft	die Pilze (Pl.)	das Steak
saftig	der Spargel	das Schnitzel
knusprig	der Kohl	das Wildschwein
aromatisch	die Bohnen (Pl.)	die Hammelkeule
würzig	die Kartoffeln (Pl.)	der Hase
frisch		
	Nachtisch	
gut	der Schokoladenpudding	
wunderbar	die Cremeschnitte	
herrlich	der Pfannkuchen	
fantastisch	der Obstsalat	

2

Ergänzen Sie die Komplimente!

1. Der zweite Teller Bratkartoffeln ist noch _____ als der erste.

2. Das ist das _____ Brathähnchen auf der Welt.

3. Das Steak ist wieder so _____ .

4. Diese Hammelkeule ist noch _____ als die letzte.

5. Das ist der _____ Schokoladenpudding der Welt.

6. Die Pilze sind wieder so _____ .

7. Das ist der _____ Salat, den du je gemacht hast.

8. Der zweite Hase ist noch _____ als der erste.

3

Zu Helgas Geburtstag hat Hägar ausnahmsweise selbst gekocht. Aber er wartet
vergeblich auf ihre Komplimente. Ihm ist nämlich alles mißlungen.
Verwenden Sie in Helgas Kritik die folgenden negativen Adjektive:
zäh - geschmacklos - fade - schlecht - trocken - wässerig - verbrannt.

a) Der Salat ist ganz *wässerig*!

b) Er ist noch *wässeriger* als das letzte Mal!

c) Es ist *der wässerigste* Salat, den ich je gegessen habe.

1. _____ ganz geschmacklos!

2. _____ schlechter als vorige Woche!

3. _____ Schnitzel, _____ ich seit
langem gegessen habe!

4. _____ vollkommen trocken!

5. _____ verbrannter als sonst!

6. _____ Cremeschnitte, _____ ich je
probiert habe!

7. _____ schrecklich fade!

WUNDERMITTEL

| AUF GEHTS! | MOMENT! |

TRAG DIESEN BEUTEL MIT ASAFÖTIDA, MIT TEUFELSDRECK...ER WIRD DICH VOR ALLEM UNBILL SCHÜTZEN

| DER STINKT ABER! | DAS MUSS ER...DARIN LIEGT SEINE KRAFT! |

ER WIRD ALLE BÖSEN GEISTER ABWEHREN, ALLE PLAGEN, DÄMONEN, TEUFEL, MONSTER, KURZ ALLE GEFAHREN ÜBERHAUPT!

EINSCHLIESSLICH DER SCHNUCKLIGEN ROTHAARIGEN »BIENEN«

Führen Sie Gespräche nach folgendem Dialoggerüst:

- ● Ich habe _____ schmerzen
  kummer.

- o Trink
  Iß > _____ !
  Trag

  Er
  Sie > wird dich vor _____ schützen.
  Es

- ● Der
  Die > _____ aber _____ .
  Das

- o Das muß < er / sie / es > auch. Darin liegt < seine / ihre > Kraft/Wirkung.

  Er
  Sie > wird _____ vertreiben.
  Es   abwehren.

48

Beispiel:

● Ich habe *Liebeskummer*.

o Trink *diesen Tee*!

   Er wird dich vor *Mißerfolg* schützen.

● Der *riecht* aber *übel*.

o Das muß er auch. Darin liegt seine Wirkung.

   Er wird *alle deine Konkurrenten* vertreiben.

Ergänzen Sie die folgenden Dialoge.

1.● _____ schmerzen.

  o _____ diesen Kräuterbrei.

     _____ weiteren Migräneanfällen _____.

  ● _____ sieht _____ ekelhaft aus.

  o _____   _____.

     _____ Kopf_____.

2.● _____ Seelen_____.

  o _____ dieses Amulett.

     _____ Depressionen _____.

  ● _____ sieht _____ häßlich aus.

  o _____ schwarzen Gedanken _____.

     _____ schwarzen Gedanken _____.

3.● _____ Rücken_____ .

  o _____ diese Wurzel.

  ● _____ riecht _____ seltsam.

  o _____   _____.

     _____ Beschwerden _____.

49

Superangebote

1

Sie möchten etwas verkaufen, was Sie selbst nicht mehr brauchen, z.B.

- ein Fahrrad	- einen Jeansanzug	- eine Spielzeugsammlung
- eine Katze	- eine Briefmarken-	- einen Kaufmannsladen
- eine Taucherausrüstung	sammlung	- ein Modellflugzeug
- eine Puppenstube	- ein Moped	- ein Campingzelt
- ein Kaspertheater		

Wie würden Sie Ihre Ware in einer Annonce oder auf einem Schild anpreisen? Entscheiden Sie sich für einen Artikel, sammeln Sie kurze Schlagwörter (Beispiele finden Sie im obigen Hägar-Strip) und schreiben Sie sie auf die Verkaufsschilder.

Fahrrad *fast neu zum* *halben Preis* *einmalige Gelegenheit*		

```
┌──────────────┐  ┌──────────────┐  ┌──────────────┐
│              │  │              │  │              │
│              │  │              │  │              │
│              │  │              │  │              │
│              │  │              │  │              │
└──────────────┘  └──────────────┘  └──────────────┘
```

2

Füllen Sie die fehlenden Informationen in den Annoncen aus:

. . . .	. . . .	. . . .
abzugeben	zu verkaufen	Sonderangebot
. . . .	. . . .	Kanarienvogel mit
2 Lokomotiven	mit 5-Gang-Schaltung	. . . .

Äußerst preisgünstig	Umständehalber	Unglaublich
. . . .	. . . .	. . . .
. . . .	. . . .	. . . .
mit 15 Handpuppen	alle Sätze komplett	mit Käfig und Zubehör

3

Formen Sie die Annoncen in Kaufgesuche um.

Beispiel:

┌────────────────────────┐ ┌────────────────────────┐
│ Suche preisgünstiges   │ │ Wer verkauft billig   │
│ Campingzelt   │ │ Spielzeugeisenbahn   │
│ für 2 Personen   │ │ mit Transformator?   │
└────────────────────────┘ └────────────────────────┘

Verbummelt...

Frau Hägar: Wo ist der Schlüssel?

Hägar: *In der* Tischschublade!

Frau Hägar: Da habe ich ihn aber nicht gefunden!

Hägar: Dann ist er | vielleicht/wahrscheinlich | *am* Schlüsselbrett.

             | bestimmt/sicher |

Führen Sie zu zweit ähnliche Dialoge!

Gesuchte Gegenstände: die Zeitung – die Taschenlampe – der Schraubenzieher – die Kassette – die Schere – die Schokolade – der Dosenöffner – der Kamm – der Kochtopfdeckel – das Geld – die Schuhcreme – die Medizin – das Schampon – der Nagellack.

in der	auf der	auf dem	im
Speisekammer	Kommode	Fensterbrett	Flur
Wanduhr	Sessellehne	Radio	Schrank
Garderobe	Nähmaschine	Bücherregal	Flurschränkchen
Besenkammer	Hausbar	Küchentisch	Medizinschrank
Spielzeugkiste	Waschmaschine	Bügelbrett	Schlafzimmer

Wer schafft fehlerfrei die längste Suche, d.h. kann die meisten *Wo*-Fragen stellen? Die Fragen und Antworten müssen aber sinnvoll sein. Sie müssen etwas enthalten, was man wirklich verlieren oder verlegen kann, nicht z.B. "das Handschuhfach" oder „das Wohnzimmer".

o Wo ist der Schlüssel?

● *In meiner* Handtasche.

o Und wo ist deine Handtasche?

● *Im* Koffer.

o Und wo ist der Koffer?

● *Auf dem* Boden.

oder

o Wo ist mein Ausweis?

● *Bei den* anderen Pässen.

o Und wo sind die anderen Pässe?

● *Bei den* übrigen Dokumenten.

o Und wo sind die Dokumente?

● *In der* Dokumentenmappe.

o Und wo ist die Dokumentenmappe?

● *In der* Aktentasche.

o Und wo ist die Aktentasche?

● *Unter der* Wäsche.

o Und wo ist die Wäsche?

● *Im* Kleiderschrank.

o Und wo ist der Kleiderschrank?

● *Im* Schlafzimmer.

Wer kann in einem Satz sagen, wo der Ausweis liegt?

Der Ausweis liegt *im* Schlafzimmer *im* Kleiderschrank *unter* ...

Können Sie das auch aus dem Gedächtnis wiederholen?

Und jetzt bitte umgekehrt:

Leg doch bitte den Ausweis *zu den* anderen Ausweisen *zu den* übrigen ...

Hühneressen ohne

Panel 1:
- WARUM WARST DU SO LANGE WEG?
- WARTE, BIST DU SIEHST, WAS ICH MITGEBRACHT HABE!

Panel 2:
- **ALLES,** WAS ZU EINEM GROSSEN HÜHNERESSEN GEHÖRT! – EIN EDLER WEISSWEIN...

Panel 3:
- REIS MIT HÜHNCHEN-AROMA... IMPORTIERTE PREISELBEEREN... HÜHNER-FÜLLUNG... **ALLES!**

Panel 4:
- ...SOGAR DIESE KLEINEN PAPIERHÖSCHEN FÜR DIE HÜHNERBEINE... DROLLIG, NICHT?

Panel 5:
- DU MUSST JA EIN VERMÖGEN AUSGEGEBEN HABEN. WIEVIEL KOSTET DAS HUHN?

Panel 6:
- HUHN?...

---

1 Entwerfen Sie zu zweit neue Gespräche zwischen Hägar und Helga. Das Muster dafür liefert Ihnen der Dialog der Bildergeschichte. Grundlage des Dialogs soll ein Rezept sein: Hägar hat alle Zutaten gekauft, nur die Hauptgerichte hat er vergessen. Sie können natürlich auch andere Rezepte verwenden. Bereiten Sie den Dialog schriftlich vor. Tragen Sie ihn dann den Mitschülern vor.

Beispiel: *Senfeier ohne Eier*

1. Helga: Warum warst du so lange weg?

   Hägar: Warte, bis du siehst, was ich mitgebracht habe.

Senfeier
(für 2 Personen)

Eier hart kochen und schälen...

Dazu gibt es eine "holländische Soße:" 50 Gramm Butter in einem Topf flüssig werden lassen 2 Eßlöffel Mehl dazugeben. <u>Immer rühren.</u> Auf kleinem Feuer hellbraun werden lassen. Mit etwas Wasser auffüllen bis eine dicke Soße entsteht. Mit Salz, 1 Eßlöffel Senf und ein paar Kapern würzen. Dann die Eier in die Soße legen Dazu kann man Salzkartoffeln essen.

Alles, was zu einem großen *Senfeieressen* gehört: frische Butter,

weißes Mehl, scharfen Senf, aromatische Kapern ...

Helga: Du mußt ja ein Vermögen ausgegeben haben.

Wieviel kosten denn _____ ?

Hägar: _____ ?

2. Helga: Warum warst du so lange weg?

Hägar: Warte, bis du sieht, was ich mitgebracht habe.

Alles, was zu _____

gehört: _____

_____ ,

sogar _____

Helga: Du mußt ja ein Vermögen ausgegeben haben. Wieviel kostet

_____ ?

Hägar: _____ ?

2

Versuchen Sie, einen Dialog zu schreiben, der so beginnt:

Frau Hägar: Warum warst du so lange in der Küche?

Beispiel: *Senfeier*

Helga: Warum warst du so lange in der Küche?

Hägar: Warte, bis du hörst, was ich alles gemacht habe: Alles, was man

machen muß, um ein großes *Senfeieressen* vorzubereiten. Ich habe

Butter im Topf flüssig werden lassen, ich habe 2 Eßlöffel Mehl da-

zugegeben, ich habe es auf kleinem Feuer hellbraun werden lassen.

Ich habe _____

_____

Ich habe _____

_____

Helga: Wieviel Zeit hast du denn für das Kochen und Schälen der Eier ge-

braucht? _____

_____

Hägar: Eier?

Verweigerungen

Diese Kunststücke soll die Kuh Bossie ausführen:

sich *hin*legen - mit dem Schwanz schlagen - mit dem Kopf nicken - mit den Ohren wackeln - das Maul *auf*machen - mit den Augen rollen - in die Luft springen - Kopfstand machen - *auf*stehen - sich *hin*knien.

Bossie hat aber keine Lust. Deshalb wird Häger ungeduldig. Er sagt:

- Du *sollst* dich *jetzt endlich* setzen!
- *Willst* du dich *jetzt wohl* setzen!
- Setz dich *jetzt endlich*!
- *Warum* setzt du dich *nicht endlich*?

Ergänzen Sie die folgenden Aufforderungen an die Kuh Bossie:

1. Du sollst dich jetzt endlich *hin*legen!

   Willst _____ !

   Leg _____ hin!

   Warum _____ hin?!

2. Du sollst _____!

   Willst du jetzt wohl mit dem Schwanz schlagen!

   Schlag _____ !

   Warum _____!

3. Du sollst _____!

   Willst _____!

   Nick jetzt endlich mit dem Kopf!

   Warum _____!

4. Du sollst _____!

   Willst _____!

   Wackle _____!

   Warum wackelst du nicht endlich mit den Ohren!

5. (das Maul *auf*machen!)

   _____!

   _____!

   _____!

   _____!

6. (mit den Augen rollen)

   _____!

   _____!

   _____!

   _____!

Der Aufforderung können Sie durch einen angehängten Fluch noch Nachdruck
verleihen:... verdammt noch mal!   zum Kuckuck!

          verflixt noch mal!   zum Teufel!

          Himmeldonnerwetter!   zum Henker!

Als alles vergeblich ist, versucht es Hägar mit Bitten. Sammeln Sie die verschiedenen sprachlichen Möglichkeiten an der Tafel, und üben Sie sie mit
den obigen Beispielen.

MUTTERTAG

1 Auch am Muttertag haben die Kinder immer neue Wünsche:

- *Kannst du* mir *bitte* (oder: *vielleicht*) das Kleid kürzer machen?

- *Würdest du* mir *bitte* meine Bluse bügeln?

- *Könntest du* mir *vielleicht* schnell mein neues Kleid waschen?

- *Machst du* mir *bitte* eine neue Frisur?

Formulieren Sie mit Hilfe der Stichwörter weitere Bitten. Einige Verben können mehrfach verwendet werden.

der Pulli	der Fleck im Kleid	füttern
		vorlesen
der Rock	der Luftballon	zu trinken geben
		annähen
die Aufgabe	der Brief	bügeln
		föhnen
die Fingernägel (Pl.)	die Vokabeln (Pl.)	lackieren
		aufblasen
etwas	das Haar	einbinden
		massieren
die Geschichte	die Scheibe Brot	erklären
		übersetzen
der Knopf	das Buch	abhören
		entfernen
der Rücken	die Fische (Pl.)	schmieren

Welche Wünsche äußert wohl die Tochter Honi, welche der Sohn Hamlet?

2 Konzentrationsspiel

Eine Gruppe repräsentiert die Mutter, die andere die Kinder. Den drei verschiedenen Typen von Bitten (s.o.) ist im Spiel eine bestimmte Antwort zugeordnet, und zwar:

a) *Würdest* du mir bitte meine Bluse bügeln?

Die Bluse ist doch längst gebügelt! (Zustandspassiv)

b) *Könntest* du mir vielleicht meine rote Bluse bügeln?

Die Bluse ist doch ganz glatt! (Prädikativum)

c) Bügelst du mir bitte meine rote Bluse?

Bügle dir deine Bluse doch selber! (Imperativ + *selber*)

Vor Beginn des Spiels müssen die Strukturen vorgeübt werden.

Die „Kindergruppe" darf so lange Bitten äußern, wie richtige und den Bitten „richtig" zugeordnete Antworten gegeben werden. Die „Muttergruppe" kriegt für jede richtige Antwort einen Punkt gutgeschrieben. Bei einem Fehler erfolgt ein Wechsel der Gruppe. Zwischen Bitte und Antwort darf keine große Pause liegen. Gewonnen hat zum Schluß die Gruppe mit den meisten Punkten.

Man kann es der „Muttergruppe" schwerer machen, indem die Bitte nicht an die ganze Gruppe, sondern an einen bestimmten Schüler gerichtet wird, der sofort antworten muß, z.B.:

„Könntest du mir vielleicht einen Knopf annähen, Anna?" –
Anna: „Näh dir den Knopf doch selber an!" – „Falsch zugeordnet."

Es erfolgt ein Gruppenwechsel.

Jede Bitte darf nur einmal geäußert werden. Bei einer Wiederholung wird der „Kindergruppe" 1 Punkt abgezogen.

SCHRANKENLOSE FREIHEIT

1

Frau Hägar möchte ihrem Mann am liebsten alles verbieten, doch Hägar setzt sich gegen ihre Bevormundung zur Wehr.

> Frau Hägar gebraucht einen verneinten Imperativ:
>
>   „*Lies* bitte beim Essen *nicht* immer *die Zeitung*!"
>
> Hägar protestiert entweder so:
>
>   „Du kannst mir *das Zeitunglesen* nicht verbieten." (Akkusativ)
>
> Oder so:
>
>   „Du kannst mich nicht *vom Zeitunglesen* abhalten." (Dativ)

Setzen Sie in den folgenden Kurzdialogen den fehlenden Imperativ, den fehlenden Dativ (nach dem Verb *abhalten von*) oder Akkusativ (nach dem Verb *verbieten*) oder mehrere fehlende Formen ein:

1. Frau Hägar: _____ bitte nicht soviel *Bier*!

   Hägar: Du kannst mir *das Biertrinken* nicht verbieten.

2. Frau Hägar: _____ bitte nicht soviel *Fleisch* vor dem Schlafengehen.

   Hägar: Du kannst mich nicht *vom Fleischessen* abhalten.

3. Frau Hägar: *Flirte* nicht soviel mit anderen Frauen!

   Hägar: Du kannst mir _____ nicht verbieten.

4. Frau Hägar: *Wirf* bitte keine *Schneebälle* nach den Kindern!

   Hägar: Du kannst mir _____ nicht verbieten.

5. Frau Hägar: _____ bitte nicht die *armen Hasen*!

   Hägar: Du kannst mich vom _____ nicht abhalten.

                (schießen)

6. Frau Hägar: _____ bitte nicht immer im Bett!

   Hägar: Du kannst mir _____ nicht verbieten.

                (rauchen)

7. Frau Hägar: _____ bitte kein *Feuer* im Stall!

   Hägar: Du kannst mich nicht vom _____ abhalten.

                (Feuer machen)

2

Führen Sie nun zu zweit Kurzdialoge. Verwenden Sie dabei die folgenden Verben oder verbalen Ausdrücke:

- Krieg führen   - lange aufbleiben

- fluchen   - spazierengehen

- bei der Arbeit träumen   - auf dem Esel reiten

- feiern   - Karten spielen

- mit Gläsern werfen   - schnarchen

- laut singen   - Seehunde jagen

Überlegen Sie jeweils, ob Sie den Satz erweitern müssen, damit er verständlich wird.

> Frau Hägar: *Spiel* bitte nicht (Erweiterung:) jeden Abend bis spät in die
>   Nacht mit deinen Kumpanen *Karten*!
> Hägar greift in der Antwort nur das Verb als Stichwort auf:
>   Du kannst mir *das Kartenspielen* nicht verbieten.
> Oder: Du kannst mich nicht *vom Kartenspielen* abhalten.

Gute Nachrichten!

Ersetzen Sie die numerierten Dialogelemente durch Wörter und Ausdrücke der nachfolgenden Wortlisten. Schlagen Sie, bevor Sie beginnen, die unbekannten Wörter nach und erklären Sie sie Ihren Mitschülern. Stellen Sie gemeinsam Synonymgruppen zusammen, damit Sie sich die Bedeutung der Wörter leichter merken können, z.B.: *die Nachricht, die Meldung, die Botschaft.*
Erweitern Sie die Wortlisten mit Hilfe eines Wörterbuchs.

                1
o Was *wünschen* Sie?

            2   3
● Ich *bringe* eine *Botschaft*.

o Von wem?

            4
● Vom *König*.

            5
o Worum *geht es* denn?

            6   7
● Auf *Befehl* des Königs müssen Sie *das Land verlassen*!

Dialogschema:

```
o Was _____ Sie?
              1

● Ich _____ eine _____.
          2                        3

o Von wem?

● Vom _____.
               4

o Worum _____ denn?
                5

● Auf _____ des _____.
              6                      4

  müssen Sie _____.
                            7
```

Wortlisten:

1	2	3
wünschen	bringen	die Botschaft
möchten	überbringen	die Nachricht
wollen	haben	die Meldung
	übermitteln	die Entscheidung
		die Verordnung
		die Rechnung

4	5	die Anfrage
der König	es geht um	die Mahnung
der Präsident	es handelt sich um	die Order
der Minister		die Begnadigung
der Kommandant		
der Konsul	6	7
	der Wunsch	das Land verlassen
	der Befehl	höhere Steuern zahlen
	der Beschluß	eine Geldstrafe zahlen
	die Anordnung	länger arbeiten
		in den Krieg ziehen
		eine Reise nach China antreten

SEI IMMER KÜHL – MIT VIEL GEFÜHL!

1

Führen Sie nach den Stichwörtern der Tabelle Gespräche zwischen Eltern und Kindern.

Die Eltern warnen Tochter und Sohn vor einer Gefahr und begründen ihre Sorge. Das Kind beruhigt die Eltern:

● *Wenn du* zum Tanzen gehst, sei bitte pünktlich zurück.

 Wir wollen eben nicht, daß du zu Fuß nach Hause gehen mußt.

○ *Keine Angst, ich werde bestimmt* pünktlich sein.

Anlaß	Forderung	Gefahr/Verstoß
Klassenarbeit	rechtzeitig üben	durchs Abitur fallen
Vaters Auto	vorsichtig fahren	einen Unfall bauen

Anlaß	Forderung	Gefahr/Verstoß
Gäste	nicht dazwischen reden	schlechter Eindruck
Beruf	sorgfältig überlegen	ins Unglück rennen
Freundin	sich kümmern um	sich vernachlässigt fühlen
Ausland	sich unauffällig benehmen	das Ansehen seines Landes schädigen
Fotografieren	nicht wackeln	Fotos wieder mißlingen
Spaziergang im Wald	nicht rauchen	zum Brandstifter werden
Skilaufen	auf die anderen Skifahrer achten	sich verletzen
Trampen	nicht zu einem Mann ins Auto steigen	den guten Ruf verlieren
Rauchen	nicht zu tief inhalieren	Bronchitis kriegen
Lesen	nicht bei schlechtem Licht	eine Brille tragen müssen

2

Die Warnungen der Eltern werden - wie erwartet - in den Wind geschlagen.

Hinterher berichten a) der/die Betroffene,

                       b) die Eltern.

a) Wäre ich doch bloß pünktlich vom Tanzen nach Hause aufgebrochen. *Dann hätte ich nicht* den langen Weg zu Fuß gehen müssen!

b) Das hat sie nun davon. *Sie hätte ja* pünktlich aufbrechen können. *Dann hätte sie nicht* den langen Weg zu Fuß laufen müssen.

OHNE BART UND BIER GEFÄLLST DU MIR...

1

Helga (Hägar) hat oft etwas an Hägar (Helga) zu kritisieren. Was sagt sie (er) dann zu ihm (ihr)? Verwenden Sie die Präpositionen *ohne* und *mit* sowie die Komparativformen der Adjektive.

Beispiel (Bild 4):   Ohne Bart $\frac{\text{könntest}}{\text{würdest}}$ du viel *jünger* aussehen.

	OHNE	MIT
Helm	klein	groß
Brille	dumm	klug
Bauch	schlank	dick
Make-up	provinziell	mondän
Perücke	alt	jung
Lippenstift	langweilig	attraktiv
Bart	zahm	wild
Gebiß	ungefährlich	gefährlich
Bikini	unappetitlich	appetitlich

66

2

Erweitern Sie die Liste mit Gegenständen und Adjektiv-Gegensatzpaaren! Wie würde man *ohne ... leben?*

ohne		würde man		leben
	Nikotin		*länger*	
	Schlaf		*intensiver*	
	Familie		*ruhiger*	
	Nahrung		*kalorienärmer*	
	Bücher		*geistloser*	
	Reisen		*seßhafter*	
	Tabletten		_____	
	Blumen		_____	
	Partner		_____	
	Schule		_____	
	Musik		_____	
	Kriege		_____	
	Träume		_____	
	Autos		_____	

Versuchen Sie, jedes Adjektiv nur einmal zu benutzen.

3

Statt des Komparativs können Sie auch andere Ausdrucksmöglichkeiten wählen:

a) *nicht so* + Positiv

b) *weniger* + Positiv

Beispiele:

Ohne Nikotin würde man *länger* leben.

Ohne Nikotin würde man *nicht so gefährlich* leben.

Ohne Nikotin würde man *weniger gefährlich* leben.

WOFÜR IST EINE TÜR?

Wofür ...? Wozu ...? sind typische Kinderfragen, die den Erwachsenen oft Kopfzerbrechen bereiten. Wir wollen ein Spiel daraus machen.

Eine Gruppe stellt eine „Kinderfrage", die andere Gruppe beantwortet sie. Dann wechseln die Gruppen. Für jede sinnvolle Antwort gibt es einen Punkt. Die „Erwachsenen"gruppe darf so lange antworten, bis ihr nichts mehr einfällt. Jede Antwort muß einen neuen Gedanken enthalten, sonst zählt sie nicht.

Man kann auch vorher als Regel festlegen, daß nur bestimmte Verben verwendet werden dürfen.

1. Beispiel:

> Frage: *Wofür* ist eine Tür gut?
>
> Antwort: 1. Sie *schützt vor* Dieben.
>
>   2. Sie *hält* die Kälte *ab*.
>
>   3. Sie *schirmt* Kindergeschrei *ab*.
>
>   4. Sie *dient* der Sicherheit.

2. Beispiel:

Frage: *Wozu* braucht man Bäume?

Antworten: 1. Sie *spenden* Schatten.

2. Sie *bieten* Schutz vor Regen.

3. Sie *verhindern* die Bodenerosion.

4. Sie *ermöglichen* die Herstellung von Papier.

Es eignen sich die folgenden Verben:

mit Dativ: schützt vor, dient

mit Akkusativ: bietet, spendet, bringt, ermöglicht, verhindert, hält ...
                ab

mit Nebensatz: hat den Vorteil, daß ...

Fehlende Adjektive bezeichnen den Wert oder Unwert einer Sache. Man lernt
sie besser in Gegensatzpaaren. Versuchen Sie, noch weitere zu finden.

nützlich	unnütz
brauchbar	unbrauchbar
wertvoll	wertlos
sinnvoll	sinnlos
praktisch	unpraktisch
notwendig	überflüssig
_____	_____
_____	_____
_____	_____

Nennen Sie Gegenstände, Einrichtungen, Erfindungen, die Sie für ... halten.

Beispiel:

Ein Eierkocher *ist*	*in meinen Augen*	*überflüssig.*
	meiner Meinung nach	
	, finde ich,	
Ich *halte* Hosenträger *für* praktisch.		

Geschenke des Himmels

+ schenken/bringen   + / – bescheren   – einbringen

Beispiele:

Die Götter haben mir einen schönen Tag (+) *geschenkt*.

Der Tag hat mir schöne Stunden (+) *beschert*.

Der Tag hat mir traurige Stunden (–) *beschert*.

Der Regen hat mir einen Schnupfen (–) *eingebracht*.

Welches Verb paßt in den folgenden Sätzen?

1. Die Bootsfahrt hat mir einen Sonnenbrand _____.

2. Die Nacht hat mir einen tiefen Schlaf _____.

3. Der Baum hat ihnen wunderbar Schatten _____.

4. Der Kaffee hat ihr Herzbeschwerden _____.

5. Die Pause hat ihm ein wenig Erholung _____.

6. Das Rendezvous hat ihnen nur Ärger _____.

7. Der Lottogewinn hat mir kein Glück _____.

8. Die Reise hat ihm viele neue Erfahrungen _____.

Versuchen Sie selber, ein paar Beispiele zu finden!

1. _____ .

2. _____ .

Ergänzen Sie Anfang und Ende der Sätze:

1. _____ einen Herzinfarkt _____

2. _____ eine große Enttäuschung _____

3. _____ nasse Kleider _____

4. _____ Streit mit meiner Freundin _____

5. _____ schlaflose Nächte _____

6. _____ ein leeres Bankkonto _____

7. _____ nur Freude _____

2

A um etwas bitten	B eine Bitte ablehnen	C eine Bitte erhören
+ schenken gewähren erlauben gestatten vergönnen	verweigern versagen verbieten untersagen	erhören erlauben gewähren genehmigen
− verhindern abwehren ersparen fernhalten von		ersparen erlassen

Bei den folgenden Sätzen hilft Ihnen der Hinweis auf die Verbgruppe in der Tabelle bei der richtigen Verbwahl.

B Die Eltern _____ dem Sohn, Moped zu fahren.

C (−) Der Richter _____ dem Angeklagten die Strafe.

A (+) _____ Sie mir noch eine Frage.

C (+) Der Antrag muß noch _____ werden.

B Der Junge _____ den Wehrdienst.

A (−) Er konnte den Unfall nicht mehr _____ .

DAS ALLERSCHÖNSTE

ACH, WAS GIBT ES SCHÖNERES ALS DAS WIKINGER-LEBEN! MIT DIESER CREW UND MIT DIESEM SCHIFF KÖNNTEN WIR **ALLES** ERREICHEN!

STIMMT...

WIR KÖNNTEN BIS ANS ENDE DER WELT SEGELN - UND DARÜBER HINAUS!

WIR KÖNNTEN NEUE LÄNDER ENTDECKEN UND NEUE REICHE EROBERN...

WIR KÖNNTEN DIE GANZE WELT BESITZEN! NICHTS KÖNNTE UNS STOPPEN!

TJA!

ABER ERST MÜSSTEN WIR MAL KLARSCHIFF MACHEN...

1

Sie spielen in zwei Gruppen. Gruppe 1 stellt eine Behauptung auf und muß Rechtfertigungen dafür vorbringen. Die zweite Gruppe muß Gegenargumente anführen. Verloren hat die Gruppe, der nichts mehr einfällt. Dann kann Gruppe 2 eine neue Behauptung aufstellen.

Beispiel:

Gruppe 1: Ach, *was gibt es Schöneres*, *als* Schüler *zu sein*!
Man kann nachmittags machen, was man will.

Gruppe 2: Man muß sich von den Lehrern alles gefallen lassen.

Gruppe 1: Man kann tolle Klassenfeste feiern.

Gruppe 2: Immer muß man für Klassenarbeiten büffeln.

Gruppe 1: Jeden Tag lernt man etwas Neues hinzu.

Gruppe 2: Das meiste, was man lernt, kann man später sowieso nicht
gebrauchen.

2

Sie können vor Spielbeginn auch festlegen, daß sich das Gegenargument immer direkt auf das vorher genannte beziehen und es zu entkräften versuchen muß.

Beispiel:

> G1: Ach, *was gibt es Schöneres, als* ein Moped *zu haben.*
> Morgens kann man länger schlafen.
> G2: Und wenn man in den Berufsverkehr gerät, kommt man zu spät.
> G1: Man hat auch leichter Erfolg bei Mädchen.
> G2: Aber nur bei solchen, die sich mehr für Motoren als für andere Dinge interessieren.
> G1: Es kostet nicht viel im Unterhalt.
> G2: Wenn man viel fährt und auch die Reparaturen rechnet, kommt doch einiges zusammen.
> usw.

Stichwörter für mögliche Behauptungen: Fußball - Kino - Lesen - Fernsehen - Pilot - Skilaufen - Tanzen - Comics - Urlaub am Meer - Auto - Hängematte - Ferien - Grillen - Hund - Freund - Tennis.

3

Sie können zur Abwechslung auch Nonsens-Debatten führen. Dabei kommt es besonders auf Einfallsreichtum an. Hier einige Themenvorschläge:

- Es gibt nichts Schöneres, als wie Hägar zu leben.
- Ernährung durch Tabletten.
- Ewige Jugend.
- Gedankenlesen können.
- Ein ganzes Hochhaus bewohnen/besitzen.
- Staat ohne Männer.
- Reich wie Dagobert Duck.

Denken Sie sich weitere Themen aus.

ÜBERZEUGUNGEN

DAS HIER MUSS ENGLAND SEIN. GEH AN LAND UND STELL FEST, WO WIR GENAU SIND!

ABER SEI FREUNDLICH

HE, IHR DORT! WIR SIND WIKINGER. WIKINGER HABEN DIE ENGLÄNDER SEHR GERN.

ENGLÄNDER SIND DIE NETTESTEN UND BESTEN MENSCHEN DER WELT!

SCHLAG! KNALL! ZACK!

ES IST SCHOTTLAND

1

Verbinden Sie die vier Elemente zu Behauptungen. Das Adjektiv müssen Sie im Superlativ verwenden. Die Behauptungen dürfen ungewöhnlich, müssen jedoch sinnvoll sein. Versuchen Sie, auch eigene Beispiele zu finden.

Beispiel:

Marionetten/schön/Puppen/für Kinder.

Marionetten sind *die schönsten Puppen* für Kinder.

Engländer	laut	Nervensägen	im Zoo
Mädchen	groß	Tiere	unserer Zeit
Esel	schwer	Spielzeuge	zu Hause
Diebe	klug	Geschöpfe	unter der Sonne
Schotten	süß	Mathematiker	in unserem Land
Apfelsinen	lieb	Arbeiter	aller Zeiten
Ameisen	geizig	Verlierer	auf der Welt

Katzen	dumm	Speisen	in Europa
Bücher	spannend	Früchte	in unserer Straße
Motorräder	fleißig	Menschen	nach der Statistik
Computer	faul	Fahrzeuge	in den Ferien
Elefanten	gut	Verbrecher	für Männer
Comics	gefährlich	Helfer	am Strand
Männer	sauber	Spaßvögel	für Erwachsene

2

Gebrauchen Sie die indirekte Rede, um hervorzuheben, daß Sie nur eine fremde Meinung zitieren, die nicht mit Ihrer Meinung übereinstimmt.

Beispiele:

Zeitungsleser: Da schreiben die doch tatsächlich, Esel *seien* die klügsten Tiere auf der Welt.

Zuhörer: Die können viel schreiben. Für mich gibt es keine klügeren Tiere als Ameisen.

Zeitungsleser: Da behauptet hier doch tatsächlich jemand, Computer seien die langweiligsten Spielzeuge für Kinder.

Zuhörer: Der hat doch keine Ahnung. Für Kinder gibt es keine interessanteren Spielzeuge als Computer.

Nicht die feine Art

1

Bereiten Sie zu zweit Kurzgespräche vor:

o Es ist nicht gerade _____ , wenn du _____ .

● Gut, dann _____ du eben _____ .

o Ich habe doch nur gemeint, daß _____ .

Füllen Sie in die erste Lücke eins der folgenden Adjektive ein: mutig -
klug - höflich - weise - anständig - nett - lieb - damenhaft - männlich.

Beispiel:

o Es ist *nicht gerade mutig*, wenn du ein wehrloses Kind schlägst.

● Gut, *dann* erziehst du *eben* die Kinder!

o *Ich habe doch nur gemeint, daß* sich ein Kind nicht wehren kann.

Beachten Sie die Schritte in der Gesprächsentwicklung:

1. Vorwurf,

2. Verweigerung,

3. teilweise Zurücknahme des Vorwurfs.

2

Was paßt?

Verbinden Sie Adjektiv und Handlung mit einem *wenn*-Satz oder einem Infinitivsatz! Stellen Sie einem positiven Adjektiv „Es ist nicht gerade ..." und einem negativen Adjektiv „Es ist ganz schön ..." voran:

mutig (+)	Kinder sitzen täglich sechs Stunden in der Schule
kindisch (-)	manche führen Experimente mit Tieren durch
höflich (+)	viele sind jahrelang arbeitslos
feige (-)	die meisten sehen jeden Abend fern
weise (+)	nur wenige helfen Notleidenden
gemein (-)	immer mehr Menschen lernen Fremdsprachen
erniedrigend (-)	er rettete einen Ertrinkenden
anstrengend (-)	die meisten können Geheimnisse nicht für sich behalten
anständig (+)	noch immer gibt es Eltern, die ihre Kinder schlagen
ungezogen (-)	manche sprechen jeden Gedanken auch wirklich aus
langweilig (-)	es gibt Menschen, die anonyme Briefe schreiben
nützlich (+)	nicht jeder kann zur rechten Zeit schweigen

Beispiele:

a) Es ist *nicht gerade anständig, wenn* man anonyme Briefe schreibt.

b) Es ist *ganz schön langweilig,* jeden Tag sechs Stunden in der Schule *zu sitzen.*

Drücken Sie ein Lob wie in folgendem Dialog aus:

o Das war wirklich anständig von dir.

● Was denn?

o Daß du ihn nicht verraten hast.

● Aber das war doch selbstverständlich.

Wie war es in Paris?

1

Ihre Freundin war verreist. Sie fragen, wie es in _____ (Stadt oder Land) war. Die Freundin drückt ihre Enttäuschung über etwas aus. Reiseziel und Klage müssen dabei zusammenpassen. Verwenden Sie die Wörter der Schalttafel und eigene Einfälle.

Beispiel:

o Wie war es denn in Tunesien?
● Unmöglich. Die Cafés waren schrecklich voll.

_____

_____

_____

Spiel: Wo waren sie im Urlaub?

Aus den Klagen der heimgekehrten Urlauber soll das Reiseziel (Stadt oder Land) erraten werden.
Eine Gruppe von „Urlaubern" bereitet zehn solcher Klagen vor. Sie tragen sie der Klasse vor. Die Klasse notiert die Urlaubsorte und -länder. Gewonnen hat, wer die meisten Orte und Länder richtig geraten hat.

Beispiele:

In X war es schrecklich. Der Verkehr am Schiefen Turm war viel zu laut.
In X war es blöd. Die Hotels in Manhattan waren unvorstellbar teuer.
In X war es langweilig. Die Geishas waren viel zu schüchtern.

_____

_____

Schalttafel

das Essen				fett
das Wetter		viel	zu	schmutzig
die Metro				weiß
der Eiffelturm	war			teuer
das Obst				laut
das Brot		schrecklich		snobistisch
die Seine		entsetzlich		grob
_____		gräßlich		kurz
_____		fürchterlich		langsam
– – – – – – – – –		unvorstellbar		schlecht
die Hotels		unbeschreiblich		unehrlich
die Busse		unglaublich		_____
die Straßen		ausgesprochen		_____
die Preise	waren			_____
die Menschen		_____		_____
die Cafés		_____		_____
die Museen		_____		_____
_____		_____		_____

Gemütlichkeit ...

WARUM GIBT'S IMMER NUR WAS BESONDERES, WENN WIR GÄSTE HABEN?

PLOP!

DU HAST RECHT! ABSOLUT RECHT! BITTE NIMM PLATZ!

ETWAS KERZENLICHT FÜR DIE STIMMUNG

ETWAS VON DIESEM SPITZENWEIN?

REIZEND

UND MÖCHTEST DU ETWAS MUSIK ZUM ESSEN HABEN?

DAS WÄR REIZEND!

♪ TUUT! ♪

1

Üben Sie zu zweit die folgenden drei Dialogmöglichkeiten:

a) **Ablehnung**

○ Möchtest du vielleicht etwas Kuchen zum Kaffee?

● *Nein, danke*, zum Kaffee mag ich keinen Kuchen.

b) **Zustimmung**

○ Möchtest du vielleicht etwas Butter zum Spargel?

● *Gerne.*

c) **Widerspruch**

○ Du möchtest sicherlich kein Bier zum Essen ...

● *Doch, sogar sehr gerne.*

2

Verwenden Sie diese und andere Stichwörter:

Kerzenlicht	Milch		Essen	Pudding
Musik	Kuchen		Träumen	Nachtisch
Wein	Gemüse	zum	Hammelfleisch	Fleisch
Kartoffeln	Obst		Gemüse	Frühstück
Bier	Salat		Mittagessen	Essen
Sauce	Brot		Steak	Abendessen

3

Geben Sie die passende Antwort bei Tisch:

1. Du möchtest doch bestimmt keine Limonade zum Essen.

   Antwort: _____.

2. Möchtest du vielleicht etwas Scharfes zum Steak?

   Antwort: _____ (+)

3. Du möchtest sicher keinen Pudding zum Nachtisch ...

   Antwort: _____.

4. Möchtest du vielleicht etwas Gemüse zum Fleisch?

   Antwort: _____ (-)

4

Wie lautete die Frage?

1. _____

   Antwort: Nein, danke, zum Nachtisch mag ich keinen Pudding.

2. _____

   Antwort: Musik zum Essen? Doch, sogar sehr gerne.

3. _____

   Antwort: Tee zum Abendessen? Gerne.

4. _____

   Antwort: Eier zum Frühstück? Doch, sogar sehr gerne.

FRÜHE MEISTER

ALS ICH EIN KIND WAR, KONNTE ICH EINEN STEIN ZEHN MAL AUF DIESEM SEE SPRINGEN LASSEN UND DEN FELSEN DORT HINTEN TREFFEN!

WETTEN, DASS ICH ES NOCH KANN?

1-2-3-4-

5-6-7-8-9-10! GESCHAFFT!

BOING!

DAS HABE ICH 40 JAHRE LANG NICHT MEHR GETAN!

HÄGAR IST WIEDER DA!!

1

Üben Sie zu zweit „anzugeben".

o Als ich _____ Jahre alt war, *konnte* ich *schon* ____

_____

● *Das ist ja gar nichts!* Ich *konnte schon* mit _____

Jahren _____

Verbinden Sie die Beispiele mit einem passenden Verb. Sie müssen aber darauf achten, daß die Erwiderung des zweiten Sprechers eine Steigerung enthält.

über einen Graben	eine Maus	backen	springen
auf einem Seil	Pizza	fahren	essen
Handstand	auf dem Rücken	spucken	schwimmen
einen Motor	30 Minuten lang	klettern	reparieren
50 kg	10 Bratwürste	machen	balancieren
Gleichungen mit 2 Unbekannten	die Unterschrift meines Vaters	verschlucken	lösen
6 Flaschen Cola hintereinander	vom 10-m-Brett freihändig	trinken	steuern
ein Wasserglas	auf dem Fahrrad	fälschen	zerbeißen
Französisch	ein Motorboot	tauchen	sprechen
		tragen	schweigen

Beispiel:

o Als ich 12 Jahre alt war, konnte ich schon vom 10-m-Brett springen.

● Das ist ja gar nichts! Ich konnte schon mit 6 Jahren auf einem Seil balancieren.

2

Verwenden Sie auch folgende Alternativen:

o Konntest du mit _____ auch schon _____?

● Das nicht, aber dafür _____.

o Du kannst ja noch nicht einmal _____.

● Na und? Und du noch nicht einmal _____.

o Angeber! Du kannst ja gar nicht _____.

● Kann ich wohl. Ich kann sogar _____.

o Du und _____? Das kannst du deiner

Großmutter erzählen!

● Und du willst _____ können?

Da lachen ja die Hühner!

o Gib doch bloß nicht so an: Du kannst doch überhaupt nicht _____

_____.

● Soll ich dir zeigen, daß ich doch _____

kann?

Redewendungen, die Ungläubigkeit ausdrücken:

- Und das soll ich glauben?!
- Das glaubst du ja wohl selber nicht!
- Trägst du immer so dick auf?
- Das nimmt dir bestimmt keiner ab!
- Das kannst du deiner Großmutter erzählen!
- Da lachen ja die Hühner!

GEISTESBLITZE

1

Und wodurch *wird* eigentlich

- die Nacht
- das Abfallen der Blätter
- eine Überschwemmung
- Lachen
- ein Gewitter
- ein Sonnenbrand
- Arbeitslosigkeit
- ein Unfall
- Hundegebell

- der Schwips
- Zahnschmerzen
- eine gute Note
- Weinen
- eine Magenverstimmung
- gute Laune
- ein Flugzeugabsturz
- ein Regenbogen
- ein Tor

verursacht?

Antworten Sie in Passivsätzen. Beispiel:

Hundegebell *wird durch* das Erscheinen eines Briefträgers *verursacht.*

Bemühen Sie sich um möglichst „intelligente" Antworten. Sammeln Sie die besten „Geistesblitze"!

2

Sagen Sie es nun im Aktiv. Ihnen stehen verschiedene Verben zur Verfügung.
Den ersten Bestandteil des Satzes müssen Sie selber finden.

| Schnelles Essen | verursacht
bewirkt
ruft ... | Magengeschwüre
gute Laune
einen Sonnenbrand ...
Zahnschmerzen
Liebeskummer
Brandblasen
Juckreiz
eine Überschwemmung
Waldbrände
eine Hungersnot | ... hervor |

3

Bringen Sie die Sätze in folgende Form:

1. Die häufigste Ursache von Magengeschwüren ist schnelles Essen.

2. _____ Eifersucht.

3. _____ Leichtsinn.

4. _____ schlechte Laune.

5. _____ ein übermäßiger
   Genuß von Süßigkeiten.

6. _____ eine Allergie.

7. _____ Ärger im Büro.

8. _____ Gleichgültigkeit.

9. _____ eine Heuschreckenplage.

10. _____ Enttäuschung im Beruf.

Schwarze Schafe

1

Stellen Sie sich vor, es gäbe eine Schwarze Liste von Ihnen. Was würde wohl darauf stehen?

Versuchen Sie, die Lücken so auszufüllen, daß die Anschuldigungen auf Sie zutreffen. Anschließend können Sie die Schwarzen Listen in der Klasse austauschen und anonym in der 3. Person ("Sie ißt zuviel." – "Sie kommt jeden zweiten Tag zu spät in den Unterricht.") vorlesen.

1. Du _____ zuviel.

2. Du kommst immer _____.

3. Du bist nie _____.

4. Du vergißt meistens _____.

5. Du _____ am meisten von allen.

6. Du willst immer _____.

7. Du kannst nie _____.

8. Du bist immer gleich _____.

9. Du denkst nie an _____ .

10. Du denkst immer nur an _____ .

11. Man kann nicht mit dir _____ .

12. Du möchtest immer nur _____ .

13. Du _____ zu selten.

2

Stellen Sie auch eine Schwarze Liste für Ihre Lehrer, Freunde, Eltern oder

Geschwister auf!

1. Er/Sie _____ zuviel.

2. Er/Sie kommt immer _____ .

3. Er/Sie ist nie _____ .

4. _____ .

5. _____ .

6. _____ .

7. _____ .

8. _____ .

9. _____ .

10. _____ .

11. _____ .

12. _____ .

13. _____ .

3 Wir raten Personen

Gruppe A beschreibt eine allen Spielteilnehmern bekannte Person mit Hilfe der auf Seite 1 vorgegebenen Sätze, und zwar in derselben Reihenfolge. Gruppe B muß raten, welche Person es ist.

1. Sie (= die Person) raucht viel.
2. Sie kommt immer geschminkt in die Schule.
3. Sie ist nie ausgeschlafen.
usw.

Gruppe B hat die Spielrunde gewonnen, wenn sie die gedachte Person richtig geraten hat.

Punkteberechnung: Gesamtzahl der Fragen (= 13) - Zahl der gestellten Fragen, z.B. 13 - 5 = 8 Dann wechseln die Gruppen. B beschreibt, A rät. Gewonnen hat die Gruppe mit den meisten Punkten.

GÖTTERGUNST

1

Die Wikingergöttin greift in den Himmel, nimmt eins der zwölf Sternkreiszeichen und schickt es Hägar, um ihm eine Freude zu machen. Überlegen Sie sich, warum die Göttin Hägar einen Skorpion / Fische / einen Wassermann / eine Jungfrau / Zwillinge / einen Steinbock / eine Waage / einen Stier / einen Löwen / einen Schützen / einen Krebs / einen Widder schenkt. Was könnte Hägar alles damit machen?

2

Hägar ist aber gar nicht glücklich über das Geschenk. Er sieht nur die Nachteile. Er sagt z.B.: „Was soll ich *denn bloß* mit einem Steinbock anfangen? Er stößt mich *nur!* Der macht *nur* die Blumen im Garten kaputt. Er bringt mir *nur* Ärger mit meiner Frau. Der macht mir *nur* Arbeit. Der ......" Und was sagt Hägar wohl zu den anderen Geschenken?

3

Sie können auch ein kleines Spiel daraus machen:

Die eine Hälfte der Klasse sind die Götter. Sie suchen aus den Sternkreiszeichen ein Geschenk für Hägar aus und nennen möglichst viele Vorteile.
Die andere Klassenhälfte repräsentiert Hägar. Sie muß möglichst viele Nachteile des Göttergeschenks sammeln.
Gewonnen hat die Gruppe, die am meisten Vorteile oder Nachteile in einer vorher festgelegten Zeit gefunden hat. Dann erfolgt ein Wechsel der Rollen, und eine neue Spielrunde beginnt.

STEINBOCK
22. Dezember bis 20. Januar.

WASSERMANN
21. Januar bis 19. Februar.

FISCHE
20. Februar bis 20. März.

WIDDER
21. März bis 20. April.

STIER
21. April bis 20. Mai.

ZWILLINGE
21. Mai bis 21. Juni.

KREBS
22. Juni bis 22. Juli.

LÖWE
23. Juli bis 23. August.

JUNGFRAU
24. August bis 23. September.

WAAGE
24. September bis 23. Oktober.

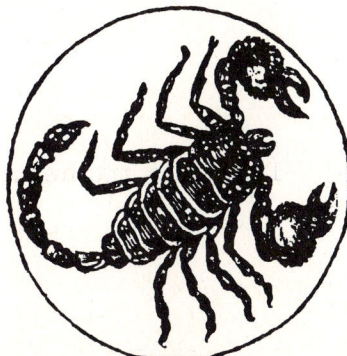

SKORPION
24. Oktober bis 22. November.

SCHÜTZE
23. November bis 21. Dezember.

REGENTAG

1

Machen Sie Vorschläge, wie Hägar sich an diesem verregneten Tag die Langeweile vertreiben könnte.

Sagen Sie es so:

> a) Er *könnte* Schach spielen.
>
> b) Er *könnte* mit seiner Familie spazierengehen.
>
> c) Er *könnte* sich mit seinen Katzen beschäftigen.

1. Er könnte _____ sammeln.

2. Er könnte mit Hamlet und Honi _____.

3. Er könnte sich mit _____ beschäftigen.

4. Er könnte _____ basteln.

5. Er könnte mit Helga _____.

6. Er könnte sich mit _____ beschäftigen.

7. Er könnte den Kaninchenstall _____.

8. Er könnte _____ tapezieren.

9. Er könnte _____ helfen.

10. Er könnte mit _____ Federball spielen.

11. Er könnte sich mit seiner Briefmarkensammlung _____.

12. Er könnte _____ umgraben.

2

Hier finden Sie noch weitere Beschäftigungen im Hause und im Garten. Sie müssen aber erst dem Nomen das passende Verb zuordnen. Hägar dagegen denkt nicht lange nach, sondern macht alles verkehrt.

- den Teppich   (an)streichen

- ein Spanferkel   abwaschen

- das Fenster   gießen

- Kirschen   grillen

- das Geschirr   reparieren

- den Zaun   klopfen

- einen Kuchen   pflanzen

- die Blumen   backen

- einen Baum   pflücken

Als Helga sieht, was Hägar macht, schimpft sie:

o Was stellst du denn da mit dem Teppich an?!

● Ich *streiche* ihn.

o Bist du denn von allen guten Geistern verlassen!

  Du *solltest* den Teppich doch *klopfen*.

● Ach so, den Teppich *klopfen* ..., sag das doch gleich.

WILLKOMMEN IM WIKINGER - CLUB!

1

Welche Namen finden sich noch im alphabetisch geordneten Mitgliederverzeichnis des Wikinger-Clubs? Der Beiname ist immer aus einem Adjektiv gebildet. Name und Beiname sind durch den gleichen Buchstaben (Alliteration) verbunden.

Stellen Sie nach dieser Regel die Liste der Club-Mitglieder zusammen!

Männer

1. (A)belard der (A)lberne
2. (B)runo der (B)eleidigte
3. (Ch)ristoph der (Ch)ristliche
4. (D)ietrich der (D)ünne
5. (E)rich der (E) _____
6. (F)riedrich der (F) _____
7. (G)ünther der (G) _____
8. (H)einrich der (H) _____
9. (I)sidor der (I) _____
10. (K)unibert der (K) _____
11. (L)udwig der (L) _____

Frauen

1. (A)gathe die (A)bergläubische
2. (B)erta die (B)reite
3. (Ch)arlotte die (Ch)armante
4. (D)ora die (D)icke
5. (E)rna die (E) _____
6. (F)rieda die (F) _____
7. (G)ertrud die (G) _____
8. (H)ermine die (H) _____
9. (I)da die (I) _____
10. (K)lothilde die (K) _____
11. (L)ena die (L) _____

12. (M)anfred der (M) _____ 12. (M)artha die (M) _____
13. (N)orbert der (N) _____ 13. (N)atalie die (N) _____

Setzen Sie die Liste bitte fort. Sie dürfen natürlich gerne Namenverzeich-
nisse und Wörterbücher benutzen.

14. (O) _____ der (O) _____ 14. (O) _____ die (O) _____
15. (P) _____ der (P) _____ 15. (P) _____ die (P) _____
16. (R) _____ der (R) _____ 16. (R) _____ die (R) _____
17. (S) _____ der (S) _____ 17. (S) _____ die (S) _____
18. (T) _____ der (T) _____ 18. (T) _____ die (T) _____
19. (U) _____ der (U) _____ 19. (U) _____ die (U) _____
20. (V) _____ der (V) _____ 20. (V) _____ die (V) _____
21. (W) _____ der (W) _____ 21. (W) _____ die (W) _____
22. (Z) _____ der (Z) _____ 22. (Z) _____ die (Z) _____

2

Wandeln Sie die Namen um:

> a) attributiv: der alberne Abelard, die abergläubische Agathe.
>
> b) prädikativ: Christoph ist ein christlicher Mensch. (Nominativ)
>
> c) Apposition: Dietrich, ein dünner Doktor, ... (Nominativ)

3

Bilden Sie jetzt Paare. Sagen Sie es so:

> a) Kunibert der Kurze heiratete Klothilde die Kaltherzige.
>
> b) Kunibert, ein kurzer König, heiratete Klothilde, eine kaltherzige
>   Prinzessin. (Akkusativ)
>
> c) Christoph, ein christlicher Herrscher, vermählte sich mit Charlotte,
>   einer charmanten Baronin. (Dativ)

Stellen Sie gemeinsam zusammen, wie die maskulinen Formen der Apposition im
Dativ und Akkusativ lauten.

WORTGEFECHTE

HÖR ZU, JUNGE, ALS WIKINGER MUSST DU VOR ALLEM PRAHLEN KÖNNEN

DU SIEHST DEM FEIND FEST IN DIE AUGEN, ATMEST TIEF EIN UND...

"OOOOOHUUUUUUUU!!"
MEINE MUTTER WAR EIN BLITZ! MEIN VATER WAR EIN DONNER!

DIK BROWNE

ICH BIN GIFTIGER ALS EINE GIFTSCHLANGE... GROBER ALS EINE VERROSTETE SÄGE!

ICH SPEIE NÄGEL UND BESIEGE JEDERMANN!!

UND DANN KÄMPFST DU?

WEIT GEFEHLT, MEIN SOHN. ZU KÄMPFEN BRAUCHST DU DANACH MEISTENS NICHT MEHR!

1

Als Wikinger muß man vor allem prahlen können.

Und was muß man als
     Fußballer

     Verkäufer

     Rennfahrer

     Schüler

     Bergsteiger

     Taschendieb

     Schornsteinfeger

     Pilot

     Bardame

     Messerwerfer

     Quizmaster   können?

Sagen Sie es auch so:

Als Fußballer muß man *nicht nur* laufen, *sondern auch* Tore schießen können.

2

Ordnen Sie den Berufen eine Eigenschaft zu, die der Ausübende möglichst
nicht mitbringen sollte, z.B.:

Fußballer	–	langsam
Verkäufer	–	unehrlich

Formulieren Sie „Entscheidungen" in der folgenden Form:

> Lieber *ein langsamer Fußballer* als *ein unehrlicher Verkäufer*.
> Lieber *eine großzügige Bardame* als *eine rücksichtslose Politikerin*.

3

Zu welchen der obigen Berufe passen die folgenden Tätigkeiten? Sie müssen
Ihre Entscheidung auf Nachfrage begründen können.

Witze erzählen	immer lächeln	sich geschmackvoll kleiden
zielen	mogeln	stehlen
bluffen	Instrumente ablesen	zum Trinken animieren
klettern	Akten lesen	Stimmung machen
jemanden überzeugen	vergessen	mit offenen Augen schlafen
schnell reagieren	treffen	Reden halten
verkaufen	anpreisen	auftanken
schnell laufen	Protokolle lesen	sich sichern
trainieren	täuschen	stürmen
sich verstecken	schwatzen	Rechnungen schreiben

Erweitern Sie die Wortfelder, und vergleichen Sie sie.
Verwenden Sie die Verben in ganzen Sätzen, damit der Zusammenhang mit dem
Beruf deutlicher wird, z.B.:

> *Ein guter Quizmaster* muß Stimmung machen können.
> Ein Politiker verbringt viel Zeit damit, Akten zu lesen.

BEI MIR NICHT!

Wenn Helga an Bord des Wikingerschiffes ist, hört alles auf ihr Kommando. Formulieren Sie ihre Kommandos entweder in einem *daß*-Satz (a) oder einem Hauptsatz (b):

a) Ich dulde ⬚nicht⬚, daß ⬚bei der Arbeit⬚ ⬚getrunken wird⬚!

b) Ich dulde ⬚kein⬚ ⬚Trinken⬚ ⬚bei der Arbeit⬚!

Sie duldet nicht, ...

1. daß die Wikinger sich streiten.

2. daß die Wikinger beim Rudern einschlafen.

3. daß die Wikinger beim Essen fluchen.

4. daß die Wikinger nachts schnarchen.

5. daß die Wikinger zu lange aufbleiben.

6. daß sie sich vor dem Feind fürchten.

7. daß die Wikinger ihr widersprechen.

8. daß die Wikinger Heimweh kriegen.

9. daß die Wikinger sich über das Essen beklagen.

96

10. daß die Wikinger seekrank werden.

11. daß die Wikinger obszöne Witze erzählen.

12. daß die Wikinger während der Überfahrt nach England erkranken.

Bei den Sätzen 4-12 müssen Sie aufpassen, weil die Umformung nicht schematisch geht.

a)

1. Ich dulde nicht, daß _____ wird.

2. Ich dulde nicht, daß _____ geschlafen wird.

3. Ich dulde nicht, daß _____ wird.

4. Ich dulde nicht, daß _____ wird.

5. Ich dulde nicht, daß _____ wird.

6. Ich dulde nicht, daß Angst _____ wird.

7. Ich dulde nicht, daß mir _____ wird.

8. Ich dulde nicht, daß Heimweh _____ wird.

9. Ich dulde nicht, daß _____ geklagt wird.

10. Ich dulde nicht, daß irgend jemand _____ befallen wird.

11. Ich dulde nicht, daß _____ werden.

12. Ich dulde nicht, daß _____ wird.

b)

1. Ich dulde kein _____ .

2. Ich dulde kein _____ .

3. Ich dulde kein _____ .

4. Ich dulde nachts kein _____ .

5. Ich dulde kein langes _____ .

6. Ich dulde kein _____ .

7. Ich dulde keinen _____ .

8. Ich dulde kein _____ .

9. Ich dulde keine _____ .

10. Ich dulde kein _____ .

11. Ich dulde keine _____ .

12. Ich dulde keine _____ .

GRELLE WECHSELFÄLLE

Das Versäumnis eines Menschen ist umso enttäuschender, je mehr wir glauben, durch unsere Verdienste oder Leistungen eine Belohnung verdient zu haben. Formulieren Sie Enttäuschungen, die wirkungsvoll auf die Aufzählung Ihrer Opfer, Entbehrungen oder Leistungen abgestimmt sind:

1 Ich habe dir für 30 Mark Blumen gekauft,

2   habe mir extra einen freien Tag genommen,

3   habe zwei Stunden im Regen auf dich gewartet,

Enttäuschung: *und du sagst mir, daß* du die Verabredung vergessen hast.

1 Ich bin extra vom Werk angereist,

2   bin zu Fuß in den zehnten Stock gelaufen,

3   habe kostenlos Ihren Teppich gereinigt,

Enttäuschung: und Sie sagen mir, daß Sie keinen Staubsauger kaufen möchten.

Ergänzen Sie die fehlende(n) Stufe(n) in folgenden „Stoßseufzern":

1 Ich habe 20 Pfund abgenommen,

2   habe eine vierwöchige Diätkur gemacht,

3 _____

Enttäuschung: und du sagst mir, daß ich einen schwachen Willen habe.

1 Ich habe auf meine Karriere verzichtet,

2   habe dir meine besten Jahre geopfert,

3   habe dir jeden Wunsch von den Augen abgelesen,

Enttäuschung: und du sagst mir, daß _____

_____

1 Ich habe den ganzen Tag in der Küche gestanden,

2 _____

3 _____

Enttäuschung: und jetzt sagst du mir, daß du gar keinen Hunger hast.

1 Ich habe mich von der Kosmetikerin quälen lassen,

2 _____

3 _____

Enttäuschung: und den ganzen Abend habe ich noch kein Kompliment von dir

gehört.

1 Ich habe in den Englischstunden immer aufgepaßt,

2   habe immer brav die Hausaufgaben gemacht,

3 _____

Enttäuschung: _____

1 _____

2 _____

3 _____

Enttäuschung: und du sagst mir, daß ich ungebildet bin!

99

WAS BRINGT DIE ZUKUNFT?
EIN SUPERJAHR - das ist doch klar

1

Was hat Madame Zuzu Hägar über seine Zukunft verraten?

Fangen Sie das Horoskop so an:

Du	wirst	*wahrscheinlich*	
		vielleicht	
		sicherlich	_____
		bestimmt	
		auf jeden Fall	

Vollenden Sie die Sätze. Diese Stichwörter helfen Ihnen dabei. Prüfen Sie aber vorher, welche Verben zu den Nomen passen. In Frage kommen: machen - kriegen - gewinnen - verlieren - bauen - ergreifen - feiern - werden.

Schreiben Sie die Verben an die Nomen.

	gute Geschäfte		die Reise		der Wolf
der Kampf		der Vater		der Streit	
	das Fest		das Boot		die Hochzeit
der Bart		der Schnupfen		die Hütte	
die Flucht	der Eisbär		der Schlitten		die Beute

2

Später erzählt Hägar seinen Kumpanen, was Madame Zuzu über seine Zukunft gesagt hat. Setzen Sie passende Verben oder Nomen ein.

> Madame Zuzu hat gesagt, *daß ich wahrscheinlich eine große Reise machen werde.*

1. Sie hat gesagt, daß ich den schweren Kampf _____.
2. Sie hat gesagt, daß ich vor einem großen Wolf _____.
3. Sie hat gesagt, daß ich zum Geburtstag _____.
4. Sie hat gesagt, daß ich ein schönes Fest _____.
5. Sie hat gesagt, daß ich Vater vieler Kinder _____.
6. Sie hat gesagt, daß ich ein neues Boot _____.
7. Sie hat gesagt, daß ich _____ gewinnen werde.
8. Sie hat gesagt, daß ich _____ machen werde.
9. Sie hat gesagt, daß ich _____ kriegen werde.
10. Sie hat gesagt, daß ich _____ erlegen werde.
11. Sie hat gesagt, daß ich _____ bauen werde.
12. Sie hat gesagt, daß ich _____ ergreifen werde.

3

Hägars Kumpane sind neugierig und wollen noch mehr hören. Deshalb fragen sie:

> Hat Madame Zuzu auch gesagt, *ob* du gute Beute *machen wirst?*

1. Hat sie auch gesagt, von wem _____?
2. Hat sie auch gesagt, wann _____?
3. Hat sie auch gesagt, ob _____?
4. Hat sie auch gesagt, wer _____?
5. Hat sie auch gesagt, wohin _____?
6. Hat sie auch gesagt, mit wem _____?
7. Hat sie auch gesagt, wie _____?

schlummernde Talente

IN JEDEM MANN SCHLUMMERT EIN KLEINER JUNGE...

VERFLIXT, FÜHL ICH MICH ALT...

DER HERAUS WILL!

DIE SCHULE IST AUS!

EIN GEMEINER KLEINER JUNGE

QUAK! QUAK!

ZACK!

DER GERN IN PFÜTZEN BADET...

JUCHHU!

SPRITZ!

UND SCHLAMM-SCHLACHTEN LIEBT

UND ÄRGER BEKOMMT...

MAMA! HÄGAR HAT MICH GEKÜSST!

WER HAT MEINE TORTE GEKLAUT?!

UND DIE ALTEN AN DER NASE RUMFÜHRT

ÄTSCH, BÄTSCH! IHR KRIEGT MICH NICHT!

HA, GERETTET!

OH MANN. ICH FÜHL' MICH SO MERKWÜRDIG FRISCH!

1 Traumspiel

In diesem Ratespiel sollen Traumberufe von der einen Gruppe umschrieben und von den Mitschülern der zweiten Gruppe geraten werden. Die indirekte Beschreibung des gedachten Berufs beginnt immer mit dem Satz: „In mir schlummert jemand, ...

> z.B. – *der* gerne alle *hinter sich läßt*,
>
>   – *der* gerne *die Nase vorn* hat,
>
>   – *der* gerne seine Zeit *verbessert*,
>
>   – *der* gerne als erster *ans Ziel kommt.*"
>
> Auflösung: Läufer

Die Rater dürfen es nicht zu einfach haben: Je geschickter die Umschrei-
bung, desto schwerer ist der Beruf zu erraten. Ein Hinweis ist „frei",
jedes weitere „In mir schlummert..." zählt als Pluspunkt für die Gruppe,
die das Rätsel aufgibt. Der Gruppenwechsel erfolgt, sobald der Beruf geraten ist. Gewonnen hat die Gruppe, die in einer vorher festgelegten Zeit die
meisten Punkte errungen hat.

2 Variante

Statt eines Berufes sollen berühmte Persönlichkeiten der Geschichte oder
Gegenwart oder auch Gestalten aus Filmen, Romanen oder Comics geraten werden, z.B.:

In mir schlummert jemand,
- *der* ganz Europa *in Angst und Schrecken versetzen könnte.*
- *der* seiner Frau immer *Geschenke* von seinen Raubzügen *mitbringt.*
- *der* besonders gerne in Paris *plündert.*

Auflösung: Hägar der Schreckliche

Geschenke für die Lieben

1

Beschreiben Sie nach den Bildern, was Hägar seiner Schwiegermutter, die er nicht leiden kann, zu Weihnachten schenken möchte. Und Sie? Haben Sie auch Ideen, mit welchen Geschenken Sie unliebsame Menschen ärgern könnten? Die negative Wirkung des Geschenks müssen Sie jeweils in einem *damit*-Satz herausstellen. Formulieren Sie Ihre Vorschläge so:

Wie wäre es mit einem Hund für den Lateinlehrer, *damit* er oft gebissen *wird*?

Wie wäre es mit einem Taschenmesser für deinen frechen Bruder, *damit* er sich damit in den Finger *schneidet*?

Füllen Sie die Lücken schriftlich aus!

1. Wie wäre es mit einem Regenschirm für die Tante, _____

   damit _____?

2. Wie wäre es mit einem Kochtopf für _____,

   damit _____?

3. Wie wäre es mit einem Feuerzeug _____,

   damit _____?

4. Wie wäre es mit einer Mausefalle_____,

   damit _____?

5. Wie wäre es mit einer Leiter_____,

   damit _____?

6. Wie wäre es mit einem Hammer_____,

   damit _____?

7. Wie wäre es mit einem Kanarienvogel _____,

   damit _____?

2

Suchen Sie aus der Geschenkeliste passende Geschenke für die folgenden Personen aus, die Sie nicht leiden können! Denken Sie daran: Geschenke können auch Erziehungshilfen sein.

- die Tante redet zuviel   - der Freund ist vergeßlich
- der Klassenlehrer ist ungerecht   - die Schwester hat keinen Humor
- der Nachbar ist laut   - der Opa haßt Musik

Geschenkeliste

die Ohrenklappen (Pl.)   der Plattenspieler
der Maulkorb   der Wecker
der Lachsack   der Terminkalender
die Schulverfassung   die Sparbüchse

Schlagen Sie die unbekannten Wörter in einem Wörterbuch nach.

Haben Sie noch weitere „passende" Geschenke?

Beginnen Sie Ihre Vorschläge wieder mit „Wie wäre es

mit _____ für _____,

damit _____?" Beispiel:

Wie wäre es mit einem Maulkorb für die Tante, *damit* sie nicht immer soviel redet?

3

Formen Sie die bisherigen Sätze um:

a) Schenken $\frac{\text{Sie}}{\text{wir}}$ ihm doch einen Hund! Dann wird er hoffentlich von ihm gebissen.

b) Warum schenken $\frac{\text{Sie}}{\text{wir}}$ ihm denn nicht einen Hund? Dann wird er hoffentlich von ihm gebissen.

SEIT ADAM UND EVA

1

Fügen Sie *Seit wann*-Fragen zusammen!

Seit wann ist es denn so ...

---

warm	heiß	kalt	feucht	teuer

laut   gefährlich   ungemütlich   dunkel

angenehm   langweilig   staubig   voll   eng

---

bei dir   bei euch   bei Ihnen   bei denen

hier   in der Stadt   in der Wohnung

Suchen Sie eine passende Antwort auf die Frage, versuchen Sie aber auch, weitere Antworten zu finden.

1. Seit ich die Tür geöffnet habe.
2. Seit wir das Dach repariert haben.
3. Seit unsere Möbel gestohlen wurden.
4. Seit sie sich zwei Doggen angeschafft haben.
5. Seit ich die Stromrechnung nicht bezahlt habe.
6. Seit man die Kinos geschlossen hat.
7. Seit die neue Straße gebaut wird.
8. Seit mein Mann befördert worden ist.

2

Formulieren Sie die vorherigen Beispielsätze um:

1. Ich habe die Tür geöffnet.

   Seitdem ist es viel angenehmer.

2. Wir haben unser Dach reparieren lassen.

   Seitdem ist es _____.

3. Unsere Möbel sind gestohlen worden.

   Seitdem _____.

4. Sie haben sich zwei Doggen angeschafft.

   Seitdem _____.

5. Ich habe die letzte Stromrechnung nicht bezahlt.

   Seitdem _____.

6. Die Kinos in unserer Stadt sind geschlossen worden.

   Seitdem _____.

7. In unserem Viertel ist eine neue Straße gebaut worden.

   Seitdem _____.

8. Mein Mann ist befördert worden.

   Seitdem _____.

3

Drücken Sie die *seit-Sätze* Nr. 4, 6, 7, 8, 10 nominal aus.

> *Seit* wir das Dach repariert haben.
>
> *Seit der Reparatur* unseres Daches.

Denken Sie sich weitere Nominalphrasen aus, die mit *seit* beginnen. Verwenden Sie die Wörter: der Anfang – das Ende – der Beginn – die Eröffnung – die Schließung – das Verbot – die Erneuerung – die Renovierung – die Steigerung – der Rückgang.

> *seit* dem Ende   des Krieges
>   (Dativ)   (Genitiv)
>
> *seit* der Eröffnung   des Supermarkts
>   (Dativ)   (Genitiv)

WAS IST,
wenn man den Schirm vergißt?

1

Was ist, wenn man den Schirm *vergißt?*
Wenn man den Schirm *vergißt, ist* bestimmt schönes Wetter.

                           braucht man ihn nicht zu tragen.

                           kann man ihn nicht verlieren.

                           kann man niemanden aus dem Wasser ziehen.

UND WAS IST, WENN ...

... man nur Nudeln ißt?

... man die Treppe hinunterfällt?

... man jeden Abend fernsieht?

... man sich über alles ärgert?

... man seine erste Liebe heiratet?

... man den ganzen Tag in der Stadt herumläuft?

... man zu lange von zu Hause weg ist?

... man seinen Lehrer nicht grüßt?

... man ohne Führerschein fährt?

Denken Sie sich originelle Antworten aus!

Stellen Sie Ihren Mitschülern auch selber Fragen!

108

2

Wer ist was? Auch bei den Antworten auf diese Frage geht es um gute Einfälle.

> *Wer* oft seinen Schirm zu Hause *liegen läßt, ist* ...
>
>   ... geistesabwesend..
>
>   ... ein vergeßlicher Mensch.
>
>   ... ein Optimist.
>
> *Wer* oft Nudeln *ißt, ernährt sich* einseitig.
>
>   *ist* Italiener.
>
>   *ist* arm dran.
>
>   *ist* in eine Italienerin verliebt.
>
>   *mag* keinen Reis.
>
>   *schont* sein Messer.
>
>   *bleibt* gelenkig.

Auf Nachfrage muß die Antwort begründet werden.

3

Definieren Sie die folgenden Ausdrücke aus der „Biologie":

- der Angsthase
- der Neidhammel
- die Brillenschlange
- das Gänseblümchen

- die Schnattergans
- das Stinktier
- das Mauerblümchen
- der Hahn im Korbe

- das Trampeltier
- der Wolf im Schafspelz
- die Schmusekatze
- der Amtsschimmel

Informieren Sie sich vorher in einem Wörterbuch.

Sagen Sie es dann so:

> Angsthase   wird *jemand* genannt, *der* sich vor allem fürchtet.
>
> Oder:
>
> Unter Angsthase versteht man *eine Person, die* sich vor allem fürchtet.

Versuchen Sie, die Liste zu ergänzen.

Ehe ich in die Ehe gehe ...

1

Was möchten Sie vor der Heirat alles geschafft haben? Sagen Sie es so:

> *Ehe/bevor ich heirate,* möchte ich ...

1. das Abitur   _____
2. viel von der Welt   _____
3. mir viele Kinder   _____
4. _____   _____
5. _____   _____
6. _____   _____
7. _____   _____
8. _____   _____

2

Sie können auch sagen:

> Ich heirate *nicht,* *bevor* ich *nicht* das Abitur gemacht habe.

Oder:

Ich heirate *erst, wenn* ich das Abitur gemacht habe.

Bringen Sie die Sätze oben in diese Form!

1. Ich heirate nicht, _____

2. Ich heirate erst, _____

3. Ich heirate nicht, _____

4. Ich heirate erst, _____

5. Ich heirate nicht, _____

6. Ich heirate erst, _____

7. Ich heirate nicht, _____

8. Ich heirate erst, _____

3

Füllen Sie die folgenden Sätze sinnvoll aus:

1. Ich kehre nicht nach Hause zurück, bevor _____

_____

2. Ich kaufe mir erst ein Auto, wenn _____

_____

3. Ich werde nicht aus dem Krankenhaus entlassen, bevor _____

_____

4. Ich fange kein neues Buch an, bevor _____

_____

5. _____, bevor du dich nicht
bei mir entschuldigt hast.

6. _____, wenn ich gekündigt habe.

7. _____, bevor ich nicht mit
meinem Rechtsanwalt gesprochen habe.

8. _____, wenn du dich besser
vorbereitet hast.

9. _____, bevor er mich nicht zum
Essen eingeladen hat.

NIE ZU FRÜH

1 Verwandeln Sie den Infinitivsatz in einen nominalen Ausdruck.

Beispiel:

> Hägar kommt gerade rechtzeitig, *um zu baden*.
>
> Hägar kommt gerade rechtzeitig *zum Baden*.

1. Hägar kommt gerade rechtzeitig, um zu reiten.

   _____ .

2. Hägar kommt gerade rechtzeitig, um zu essen.

   _____ .

3. Hägar kommt pünktlich, um zu kämpfen.

   _____ .

4. Hägar kommt gerade rechtzeitig, um zu unterschreiben.

   _____ .

5. Hägar kommt gerade rechtzeitig, um zu feiern.

   _____ .

6. Hägar kommt gerade rechtzeitig, um zu helfen.

   _____ .

7. Hägar kommt pünktlich, um zu jagen.

   _____ .

2

Verwandeln Sie den nominalen Ausdruck in einen *daß*-Satz:

1. Hägar kommt zu spät zum Segeln.

   Er kommt so spät, daß er nicht mehr segeln kann.

2. Hägar kommt zu früh zum Ernten.

   Er kommt so früh, daß er noch nicht ernten kann.

3. Hägar kommt pünktlich zum Fechten.

   _____

4. Hägar kommt gerade rechtzeitig zum Grillen.

   _____

5. Hägar kommt zu früh zum Schlittenfahren.

   _____

6. Hägar kommt zu spät zum Tanzen.

   _____

7. Hägar kommt gerade rechtzeitig zum Zuschauen.

   _____

3

Sagen Sie es auch so:

> Hägar kommt *zu früh, als daß* er *schon ... könnte.*
>
> Hägar kommt *zu spät, als daß* er *noch ... könnte.*

1. zu spät - helfen

2. zu früh - segeln

3. zu spät - kämpfen

4. zu früh - feiern

5. zu spät - baden

6. zu früh - essen

7. zu spät - den Freund retten

8. zu früh - das Pferd reiten

9. zu spät - den Feind antreffen

Enorm in Form

1

Versuchen Sie, aus den Aufforderungen des Arztes zu erraten,

a) zu was für einem Arzt Hägar gegangen ist.

b) was der Arzt mit Hägar vorhat:

- „Tief Luft holen, bitte!"
- „Oberkörper bitte freimachen."
- „Und nun die untere Buchstabenreihe!"
- „Bitte wiederholen Sie, was ich sage."
- „Mund weit offen lassen."
- „Einmal 'a' sagen, bitte."
- „Bitte die Schuhe ausziehen."
- „Die Luft anhalten, bitte."
- „Und nun bitte zehn Kniebeugen."
- „Bitte auf die Couch legen und entspannen."
- „Friedlich, ganz friedlich, niemand will Ihnen etwas tun!"

1. der Zahnarzt	2. der Röntgenarzt	3. der Orthopäde
4. der Hals-, Nasen-, Ohrenarzt		5. der Herzspezialist
6. der Augenarzt	7. der Lungenspezialist	8. der Kinderarzt
9. der Psychiater	10. der Internist	

Verwenden Sie bei der Beschreibung einen Relativsatz.

Beispiel:

Hägar ist zu einem Lungenspezialisten gegangen, *der* seine Lunge

untersuchen möchte.

2

Am Ende der Untersuchung spricht Hägar mit dem Arzt:

o Hägar: Nun, $\frac{\text{ist}}{\text{sind}}$ mein(e) *Kehlkopf* ———

                                     in Ordnung?

                                     gesund?

                                     wieder besser?

                                     intakt?

                                     wieder hergestellt?

● Arzt: Im großen und ganzen ja, nur müssen Sie leider aufhören,

———————————————————————————————

Beispiel:

Hägar: Nun, ist meine Hand wieder besser?

Arzt: Im großen und ganzen ja, nur müssen sie *aufhören, Tennis zu*

      spielen.

Üben Sie diesen kleinen Dialog zu zweit nach den folgenden Stichwörtern:

das Herz	Leistungssport treiben
der Magen	Kaffee trinken
der Fuß	Fußball spielen
der Hals	laut sprechen
der Kehlkopf	rauchen
die Nerven (Pl.)	sich ärgern
die Augen (Pl.)	bei Lampenlicht lesen
die Zähne (Pl.)	Nüsse knacken
die Ohren (Pl.)	in Rockkonzerte gehen
die Leber	Bier trinken

Übungsformen

1 Übungen, die Grammatikformen festigen und bewußt machen

1.1 Situationen und Sprechanlässe mit vorgegebenen Grammatikmitteln üben: S. 12, 56, 58, 96, 100, 106

1.2 Grammatikformen mit neuen Wörtern üben: S. 28, 30, 39, 42, 46, 92, 110

1.3 Umformungen in andere Grammatikmittel üben: S. 12, 22, 42, 56, 58, 96, 107, 110, 112

2 Übungen, die den Wortschatz wiederholen, ordnen oder üben

2.1 Begriffe definieren: S. 22, 109

2.2 Wortlisten ordnen und anwenden: S. 32

2.3 Begriffe passend zuordnen: S. 24, 66, 70, 74, 114

3 Übungen, die das freie Sprechen in gesteuerten Kurzdialogen vorbereiten helfen

3.1 Kurzdialoge nach sprachlichen Impulsen verändern: S. 14, 16, 44, 60

3.2 Dialoge mit Wortmaterial aus vorgegebenen Wortblöcken verändern: S. 26, 36, 52, 62

3.3 Gespräche nach vorher festgelegtem Gesprächsverlauf führen: S. 38

3.4 ein vorstrukturiertes Dialoggerüst ausfüllen: S. 48, 64, 76, 78, 80, 82, 98

3.5 einen Dialog nach einem authentischen Text umarbeiten: S. 54

4 Übungen, die zu kleinen Textproduktionen anleiten: S. 10, 39, 50, 86

5 Übungen, die das freie Sprechen oder die Kommunikation fördern

5.1 Spiele: S. 16, 17, 19, 20, 59, 78, 87, 102, 103

5.2 Ideen suchen: S. 68, 72, 84, 88, 90, 94, 102, 104, 108

Auflösung „Bildungslücken" S. 25

1. das Ei des Kolumbus 2. die Leiden des jungen Werthers 3. der Stein der Weisen 4. der Satz des Pythagoras 5. die Tonne des Diogenes 6. das Kreuz des Südens 7. die hängenden Gärten der Semiramis 8. die Saat der Gewalt 9. der Stein des Anstoßes 10. die Büchse der Pandora 11. der Apfel des Paris 12. der Bund der Ehe 13. das Tal des Todes 14. der Platz der Republik 15. der Schatz der Sierra Madre 16. die Ferse des Achilles